GUIDES NATURE QUINTIN

LES OISEAUX AQUATIQUES DU QUÉBEC,
de l'Ontario et des Maritimes

MARC SURPRENANT

ÉDITIONS
MICHEL
QUINTIN

Données de catalogue avant publication (Canada)

Surprenant, Marc, 1954–

    Les oiseaux aquatiques du Québec, de l'Ontario et des Maritimes

    (Guides nature Quintin)
    Comprend des réf. bibliogr. et un index
    ISBN 2-920438-82-4

    1. Oiseaux aquatiques – Canada (Est). I. Titre II. Collection

QL685.S97 1993   598.29'24'0971   C93-096600-7

Cet ouvrage a été réalisé avec la participation financière de la  FONDATION DE LA FAUNE DU QUÉBEC

Idée originale: Serge Tanguay

Responsable de projet: Johanne Ménard

Collaborateurs spéciaux: Ghislaine Groulx, Lyne Lauzon, Michel Quintin

Réviseur linguistique: Louise Leroux

Illustrations: Ghislain Caron

Infographie des cartes: Daniel Racine

Photographies: (couverture 1) CANARD COLVERT
    Scott Nielsen / Canards Illimités
    (couverture 4) HÉRON VERT
    Denis Faucher

Conception graphique, réalisation technique et édition électronique: Le groupe Flexidée ltée

Pelliculage: Litho F.G. inc.

Tous droits de traduction et d'adaptation réservés pour tous les pays. Toute reproduction d'un extrait quelconque de ce livre, par procédé mécanique ou électronique, y compris la microreproduction, est strictement interdite sans l'autorisation écrite de l'éditeur.

ISBN 2-920438-82-4
Dépôt légal – Bibliothèque nationale du Québec, 1993

© Copyright 1993
Éditions Michel Quintin

C.P. 340, Waterloo (Québec)
Canada J0E 2N0
Tél.: (514) 539-3774
Téléc.: (514) 539-4905

1 2 3 4 5 6 7 8 9 0 I T G 9 8 7 6 5 4 3

À mon grand frère Hubert,
en souvenir de nos excursions dans les «pointes»
chez Victor.

En mémoire de Francis Bélanger.

Remerciements

L'auteur remercie de tout coeur les personnes suivantes qui ont bien voulu partager leurs connaissances avec lui:

Yves Aubry, Daniel Bordages, André Bourget,
Normand David, Pierre Dupuis, Anthony J. Erskine,
Carol R. Foss et Wayne R. Petersen (de la société Aububon),
Pierre Fradette, Sylvie Gagnon, Jean Gauthier,
Michel Gosselin, Michel Lepage,
François Morneau (de la firme GRÈBE), Gilles Richard,
Théode Saint-Germain et Louis-Marc Soyez.

Nous tenons également à souligner le précieux concours des nombreuses autres personnes et des organismes qui nous ont si généreusement apporté leur soutien. Notre reconnaissance leur est acquise.

TABLE DES MATIÈRES

Préface 9

Introduction 11

Anatomie de l'oiseau 18

TAILLE 1

OISEAU REPÈRE: MOINEAU DOMESTIQUE

    Râle jaune 22
    Pluvier semipalmé 24
    Bécasseau semipalmé 26
    Bécasseau minuscule 29
    Bécasseau à croupion blanc 32
    Moucherolle à côtés olive 34
    Moucherolle des aulnes 36
    Hirondelle bicolore 39
    Hirondelle à ailes hérissées 42
    Hirondelle de rivage 44
    Hirondelle à front blanc 46
    Troglodyte à bec court 48
    Troglodyte des marais 51
    Paruline jaune 54
    Paruline à couronne rousse 56
    Paruline des ruisseaux 58
    Paruline masquée 60
    Paruline à calotte noire 62
    Bruant de Lincoln 64
    Bruant des marais 66

TAILLE 2

OISEAU REPÈRE: MERLE D'AMÉRIQUE

Râle de Virginie 70
Râle de Caroline 72
Pluvier argenté 74
Petit Chevalier 76
Chevalier solitaire 78
Chevalier branlequeue 80
Tournepierre à collier 83
Bécasseau à poitrine cendrée 86
Bécassine des marais 88
Phalarope de Wilson 90
Guifette noire 93
Hirondelle noire 96
Carouge à épaulettes 98
Quiscale rouilleux 102

TAILLE 3

OISEAU REPÈRE: PIGEON BISET

Grèbe à bec bigarré 106
Grèbe cornu 108
Petit Butor 110
Sarcelle à ailes vertes 112
Sarcelle à ailes bleues 115
Petit Garrot 118
Canard roux 120
Poule-d'eau 123
Foulque d'Amérique 126
Grand Chevalier 129
Mouette de Bonaparte 132
Sterne pierregarin 134
Martin-pêcheur d'Amérique 137

TAILLE 4

OISEAU REPÈRE: CORNEILLE D'AMÉRIQUE

Grèbe jougris **142**
Héron vert **144**
Canard branchu **146**
Canard noir **150**
Canard colvert **154**
Canard pilet **158**
Canard souchet **162**
Canard chipeau **164**
Canard siffleur d'Amérique **166**
Morillon à dos blanc **168**
Morillon à tête rouge **170**
Morillon à collier **173**
Grand Morillon **176**
Petit Morillon **178**
Canard kakawi **181**
Macreuse à bec jaune **184**
Macreuse à front blanc **186**
Macreuse à ailes blanches **188**
Garrot à oeil d'or **190**
Bec-scie couronné **194**
Bec-scie à poitrine rousse **197**
Balbuzard **200**
Busard Saint-Martin **203**
Faucon pèlerin **206**
Goéland à bec cerclé **210**
Goéland argenté **213**
Hibou des marais **216**

TAILLE 5

OISEAU REPÈRE: BERNACHE DU CANADA

    Huart à collier **220**
    Cormoran à aigrettes **224**
    Butor d'Amérique **228**
    Grand Héron **231**
    Grande Aigrette **234**
    Bihoreau à couronne noire **237**
    Cygne siffleur **240**
    Oie des neiges **243**
    Bernache du Canada **246**
    Grand Bec-scie **249**
    Pygargue à tête blanche **252**
    Grue du Canada **255**
    Goéland à manteau noir **258**

Annexes

1. Espèces observées sporadiquement **262**
2. Où observer les oiseaux **264**
3. Administrations et organismes concernés **269**
4. Clubs et sociétés d'ornithologie au Québec **272**
5. Liste des oiseaux du Québec méridional **273**

Bibliographie **278**

Index **282**

Préface

Les oiseaux ont toujours fasciné... Leurs couleurs, leur vol et leurs comportements sont un émerveillement. Pour ceux et celles qui ont soif d'apprendre, les oiseaux des milieux humides attisent encore plus la curiosité parce qu'ils vivent dans un milieu habituellement éloigné de nos habitations et de notre quotidien.

Si l'on apprécie à juste titre la faune riche et diversifiée des milieux humides, assez paradoxalement, on est ignorant de ces habitats, voire méprisant. Beaucoup pensent encore que les milieux humides ne sont que des endroits nauséabonds propices à la prolifération des moustiques. On les draine et les remplit d'une façon inconsidérée. Au Québec, nous avons perdu 4 000 hectares de milieux humides depuis les années 50. Pire, aux États-Unis, ce sont 200 000 hectares par année qui disparaissent. Aussi, la faune qui vit dans ces milieux diminue de façon inquiétante. Pas d'habitat, pas de faune, c'est ainsi...

Les recherches des dernières décennies montrent que les milieux humides sont non seulement essentiels à la faune, ce sont aussi des régulateurs de débit; ils jouent le rôle d'éponges qui retardent l'écoulement soudain des eaux, et contribuent à recharger la nappe d'eau souterraine. On dit aussi qu'ils sont de véritables usines d'épuration naturelles. Les milieux humides captent les sédiments et les nutriments, les transforment et «filtrent» ainsi l'eau qui s'y écoule.

Ces milieux humides jadis ignorés sont maintenant reconnus comme des habitats de première importance pour notre environnement. Une préoccupation de plus en plus grande de la part des usagers, du public en général et des milieux politiques pour les questions environnementales nous laisse croire en des jours meilleurs pour ces habitats. Mais au-delà de tout cela, c'est d'abord pour la faune que monsieur et madame «tout le monde» s'intéressent aux zones humides. En effet, voir un Canard branchu est beaucoup plus captivant que d'observer de l'eau qui coule.

C'est dans cet esprit et en poursuivant deux objectifs que Marc Surprenant nous présente ce guide des oiseaux des milieux d'eau douce. Dans un premier temps, il veut nous faire connaître et aimer les oiseaux qui y vivent. Dans un deuxième temps, il vise à nous faire réaliser qu'il est essentiel de protéger leurs habitats.

Le guide met d'abord l'accent sur l'identification des oiseaux de ces milieux. Il est accessible à tous puisque le premier critère qu'il utilise est la taille d'oiseaux connus. Les photographies sont d'une qualité exceptionnelle, ce qui permet même au débutant de s'y retrouver facilement et de réussir à identifier l'oiseau très rapidement. On y trouve aussi plusieurs renseignements sur chaque espèce. L'auteur nous livre assez d'informations pour avoir une bonne idée de la biologie de chaque oiseau. Les notes nous renseignent aussi bien sur la situation de l'espèce et l'origine des noms, que sur les comportements parfois cocasses des oiseaux.

Marc Surprenant est avant tout ce qu'on appelle un «biologiste de terrain». Il a visité la plupart des marais du Québec au cours de ses sorties pour observer les oiseaux, mais surtout dans le cadre de son travail. Pendant plus de dix ans, il a sillonné le Québec pour recueillir des renseignements sur la faune, les marais, marécages et tourbières. Il affiche donc une feuille de route très impressionnante et c'est en connaissance de cause qu'il nous livre ce guide. Passionné des marais et des oiseaux, il a aussi le goût de faire connaître les choses qu'il aime.

Marc et moi avons travaillé ensemble durant plusieurs années et je me rappelle avec beaucoup de plaisir ces longues heures passées à rencontrer les propriétaires de marais pour des projets de restauration et d'aménagement. Lorsque Marc leur parlait des vertus des milieux humides et de la richesse de la faune, ses auditeurs étaient fascinés par son dynamisme et ses propos enthousiastes. De sceptiques qu'ils étaient au début, ils devenaient rapidement convaincus qu'il fallait agir pour protéger ces milieux.

Marc Surprenant et ses «bottes cuissardes» ont beaucoup voyagé à travers quenouilles et marées. Avec son livre, il réussit à nous imprégner de cette passion qui l'anime pour les oiseaux et les milieux humides. Il ne nous reste qu'à suivre ses traces...

Patrick Plante,
biologiste

INTRODUCTION

S'avancer dans les hautes herbes d'un terrain marécageux, saisir le mouvement furtif d'un oiseau et s'immobiliser un long moment pour l'observer, voilà le genre de plaisir sans cesse renouvelé que procure l'observation des oiseaux. Que cette activité soit pour vous une véritable passion ou un nouveau passe-temps, le guide que voici a tout pour vous plaire. Outre son format pratique et son code couleur destiné à en faciliter la consultation, il offre une foule d'avantages que vous ne tarderez pas à découvrir.

Notre guide se distingue des autres à bien des égards. Premier guide québécois d'observation sur le terrain, il inaugure une collection où l'habitat, ici les milieux d'eau douce, représente le principal critère d'identification. Vous ne trouverez dans ces pages que des oiseaux fréquentant nos régions. Notre méthode originale de classification des espèces selon la taille facilite l'observation en réduisant le champ de vos recherches. Les photographies couleur vous font saisir des détails qui rendent encore plus captivante l'observation de l'espèce dans son habitat naturel. Le comportement de nombreuses espèces est décrit dans un langage clair et vivant. Enfin, que vous soyez débutant ou observateur averti, la richesse et la pertinence des renseignements fournis sauront vous combler.

Les explications qui suivent vous éclaireront sur nos objectifs et sur nos choix.

Les milieux d'eau douce

Les lacs, rivières, étangs, marais, marécages et tourbières font partie de ce qu'il est convenu d'appeler les habitats d'eau douce, ou milieux humides. L'eau est douce tant que son indice de salinité est inférieur à 0,02 % (l'équivalent d'une pincée de sel dans un baril d'eau). Dans le fleuve Saint-Laurent, par exemple, cet indice n'est atteint qu'en amont de Berthier-sur-mer.

Le choix des espèces

Les 87 espèces retenues se reproduisent dans les limites du territoire décrit ci-après ou, si elles n'y nichent pas, y sont souvent observées en période de migration. Conscients de la part de subjectivité que comporte tout choix, nous avons effectué de nombreuses consultations avant d'arrêter le nôtre.

Le territoire qui nous intéresse s'étend du 51ᵉ parallèle (correspondant à une ligne imaginaire qui passe par Chibougamau et Sept-Îles) jusqu'aux Grands Lacs et au sud de l'État de New York, et de la limite ouest de l'Ontario à l'Atlantique.

La classification selon la taille

Dans la plupart des guides, les espèces sont présentées par familles, des plus primitives aux plus évoluées. Sans nier les avantages de cette méthode, il nous est apparu plus intéressant de classer d'abord les oiseaux selon leur taille afin de faciliter votre travail d'identification sur le terrain et de réduire le champ de vos recherches dans le guide.

Les 87 espèces retenues sont classées en cinq groupes correspondant à cinq oiseaux repères familiers. Pour savoir dans quel groupe trouver l'oiseau qui vous intéresse, il vous faut considérer sa longueur de la base du cou au croupion, de même que le volume du corps. Ne tenez compte ni du bec ni de la queue ni du cou, dont la longueur parfois démesurée risque de fausser la comparaison avec les oiseaux repères.

Les mêmes oiseaux repères seront repris dans chacun des guides de la collection, ce qui explique pourquoi il ne s'agit pas nécessairement d'oiseaux aquatiques.

À l'intérieur de chaque groupe repère, les espèces sont ensuite classées par famille selon l'ordre taxinomique de la dernière version de la *Check-list of North American Birds*[2]. Cette façon de procéder facilite entre autres les comparaisons entre espèces semblables d'une même famille, identifiée par une silhouette noire rappelant la forme caractéristique des oiseaux qui en font partie.

À chaque groupe correspondent un code couleur et un code «plume» qui vous aident à trouver plus facilement l'information que vous cherchez.

---

[2]. La liste complète des oiseaux du Québec méridional classés par famille figure en annexe.

TAILLE 1

OISEAU REPÈRE

MOINEAU DOMESTIQUE

TAILLE 2

OISEAU REPÈRE

MERLE D'AMÉRIQUE

TAILLE 3

OISEAU REPÈRE

PIGEON BISET

TAILLE 4

OISEAU REPÈRE

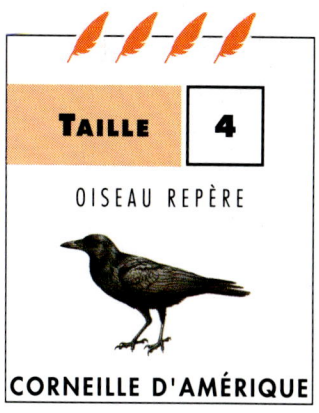

CORNEILLE D'AMÉRIQUE

TAILLE 5

OISEAU REPÈRE

BERNACHE DU CANADA

Les noms

Les noms français sont ceux de la Nomenclature des oiseaux d'Amérique du Nord publiée en 1990 par le Musée canadien de la nature et le Secrétariat d'État du Canada. Les noms scientifiques et anglais proviennent de la Check-list of North American Birds de l'American Ornithologists' Union. (Le nom scientifique latin est formé de deux éléments dont le premier désigne le genre auquel appartient l'espèce, le second étant propre à l'espèce.) Sont également fournis le nom reconnu par la Société zoologique de Québec (souligné), s'il diffère du premier, et les noms vernaculaires recueillis dans différentes régions du Québec méridional. Finalement, les noms indiqués entre parenthèses sont des noms usités en Europe francophone. Ils sont tirés du Guide des oiseaux d'Europe paru chez Delachaux et Niestlé.

Quand une espèce non répertoriée est mentionnée dans le texte, le nom français est toujours suivi du nom scientifique entre parenthèses.

La taille et le poids

La taille donnée pour chaque espèce constitue une moyenne. Les tailles extrêmes (relevées dans Les Oiseaux du Canada, de W.E. Godfrey) figurent entre parenthèses. Quant au poids indiqué, il ne peut être qu'approximatif en raison des écarts attribuables à des facteurs tels le lieu, la saison, le nombre d'oiseaux pesés, l'âge et le sexe. (L'envergure est précisée dans certains cas : rapaces, goélands, etc.)

Les points particuliers d'identification

Dans ce paragraphe mis en relief par sa couleur, les traits frappants de l'espèce sont esquissés dans le but de faciliter l'identification. Après l'indication de la taille de l'espèce par rapport à celle de l'oiseau repère (dont nous ne donnons ici que le nom commun pour alléger le texte – le moineau, le merle, etc.), on signale par exemple une particularité du plumage, la forme caractéristique de la tête, ou encore un comportement propre à l'oiseau, sans entrer dans les détails.

Les photographies

C'est par souci de réalisme que nous avons opté pour des photographies couleur, car les illustrations d'oiseaux debout ou posés sur l'eau, dans un éclairage parfait et à un angle de 180°, reproduisent des conditions idéales qui se retrouvent rarement dans la nature. La qualité de la photographie permet de capter sur le vif la beauté de l'oiseau dans son milieu.

Il y a habituellement une photographie par espèce, parfois deux quand les plumages distincts du mâle et de la femelle, au printemps ou à l'automne, ou un comportement particulier de l'oiseau, nous semblent le justifier. S'il nous apparaît utile d'illustrer une posture caractéristique de l'espèce en vol ou sur l'eau, une silhouette accompagne la photographie.

Les rubriques

RÉPARTITION

Les précisions fournies sous cette rubrique permettent d'une part de suivre les déplacements de l'espèce dans les Amériques et d'autre part de connaître les époques de l'année où celle-ci s'observe le plus souvent dans la partie méridionale du Québec. Ces dernières indications s'appliquent habituellement à la région de Montréal, d'où la nécessité de prévoir parfois une ou deux semaines de décalage pour déterminer les périodes d'observation au printemps et à l'automne au nord ou au sud de cette région. Le club d'ornithologie de votre région[3] devrait pouvoir vous fournir des précisions à ce sujet.

Les cartes ont été établies à l'aide des données les plus récentes[4].

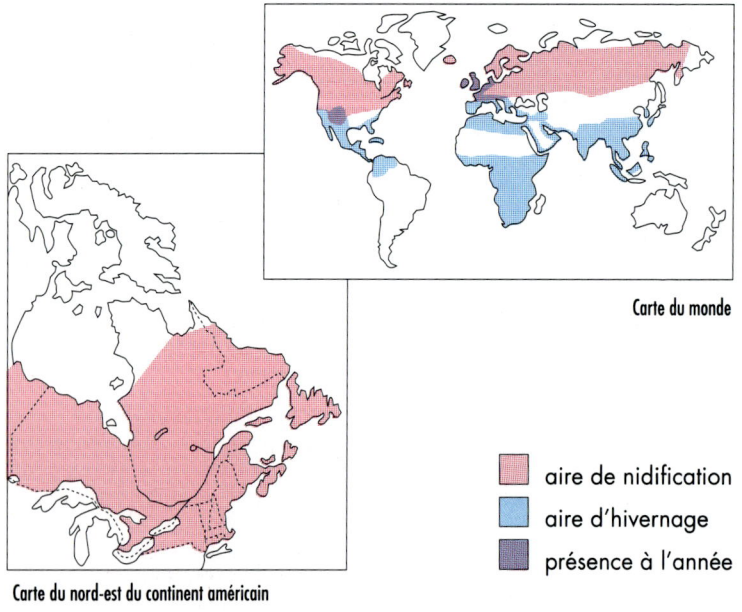

Carte du monde

■ aire de nidification
■ aire d'hivernage
■ présence à l'année

Carte du nord-est du continent américain

---

3. Une liste des clubs et sociétés d'ornithologie du Québec figure en annexe.
4. Les ouvrages consultés figurent dans la bibliographie présentée en annexe.

DESCRIPTION

C'est là que les traits physiques de l'espèce sont décrits en détail. On insiste, le cas échéant, sur les caractéristiques propres au mâle, à la femelle et aux juvéniles, de même que sur les différences éventuelles entre le plumage nuptial et le plumage d'automne. On relève également une posture ou un comportement particulier de l'espèce en vol, sur l'eau ou au sol, ou encore un cri ou un chant distinctif.

 ESPÈCES SEMBLABLES

Les espèces signalées sont celles dont les traits communs avec l'espèce décrite pourraient être à l'origine d'une certaine confusion. Elles ne sont pas nécessairement répertoriées dans le guide. Des traits distinctifs sont mentionnés pour vous aider à différencier les espèces.

 HABITAT

Les endroits décrits sont ceux que fréquente l'espèce en période de nidification, d'hivernage et, parfois, de migration.

 NIDIFICATION

Ces renseignements concernent entre autres le lieu de nidification, la forme du nid et sa composition, le nombre d'oeufs, la couvaison (qui couve, de la femelle ou du mâle, et pendant combien de temps), et le nombre de jours qui s'écoulent avant que les oisillons sortent du nid et apprennent à voler. On souligne également les comportements particuliers de l'espèce pendant la période de nidification.

 ALIMENTATION

Chaque espèce trouve à se nourrir dans son milieu. Les éléments qui composent son alimentation, et la façon dont l'oiseau se les procure sont décrits sous cette rubrique.

 NOTES

Il s'agit d'observations que l'auteur a faites lui-même ou a relevées au fil de ses lectures. Vous y trouverez notamment de l'information complémentaire sur les fluctuations de population, l'origine de certains noms et des comportements particuliers, ou encore des recommandations concernant la protection de l'espèce.

ANATOMIE DE L'OISEAU

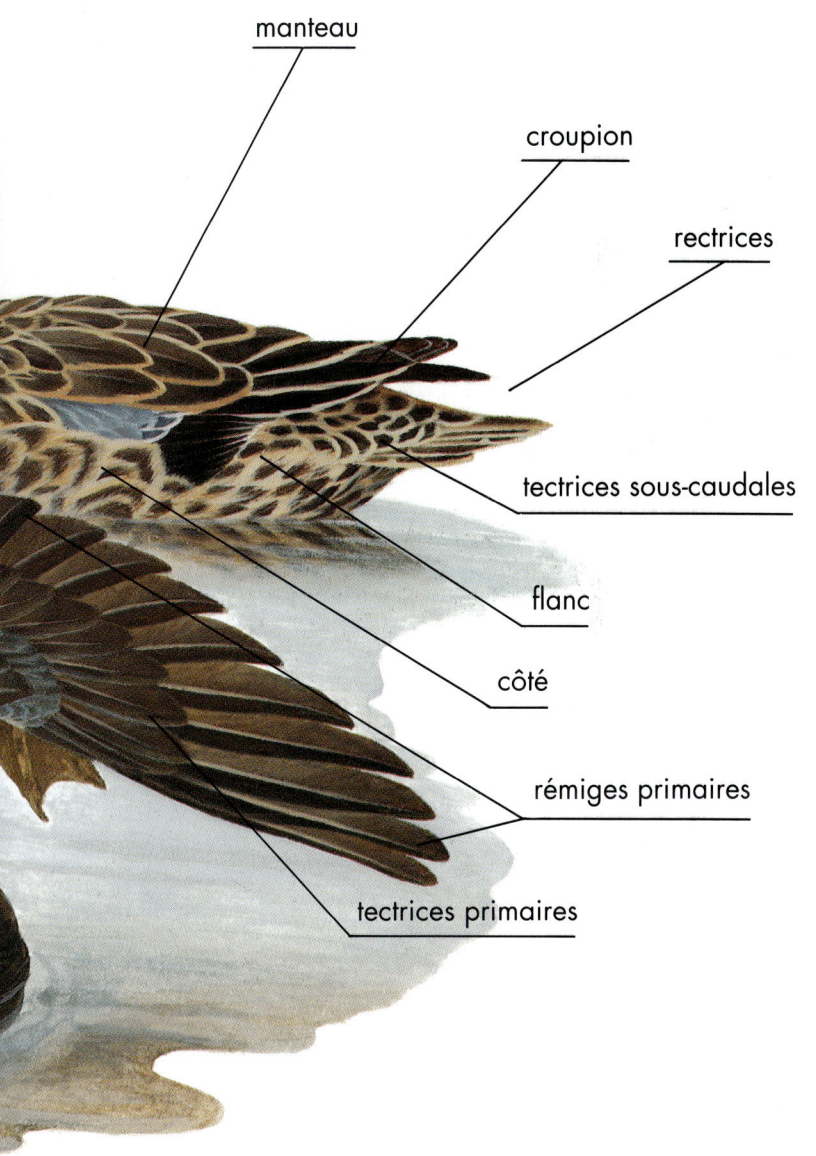

TAILLE 1

Râle jaune

Pluvier semipalmé

Bécasseau semipalmé

Bécasseau minuscule

Bécasseau à croupion blanc

Moucherolle à côtés olive

Moucherolle des aulnes

Hirondelle bicolore

Hirondelle à ailes hérissées

Hirondelle de rivage

Hirondelle à front blanc

Troglodyte à bec court

Troglodyte des marais

Paruline jaune

Paruline à couronne rousse

Paruline des ruisseaux

Paruline masquée

Paruline à calotte noire

Bruant de Lincoln

Bruant des marais

OISEAU REPÈRE

MOINEAU DOMESTIQUE

RÂLE JAUNE

Ordre: Gruiformes
Famille: Rallidae

Coturnicops noveboracensis
Yellow Rail

Oiseau plus grand que le moineau, à l'allure d'un poulet. Plumage chamois finement rayé de blanc sur le dos. Bec jaunâtre ou verdâtre, court et épais. Très discret et très rare.

Taille: 18 cm (15-19 cm)

RÉPARTITION: Niche par endroits au Canada, depuis l'Alberta jusque dans l'Est. Niche aussi dans quelques États américains. Hiverne dans le sud des États-Unis, surtout sur la côte est et sur celle du golfe du Mexique.

Au Québec, c'est un nicheur et un migrateur que l'on observe rarement au sud du lac Mistassini (51e parallèle), entre la mi-mai et la fin octobre. Niche possiblement plus au nord.

DESCRIPTION: Les adultes des deux sexes sont identiques. Ils ont le dos chamois et noir, finement rayé transversalement de blanc. Les côtés du cou et du corps sont brunâtres. Le dessous est jaunâtre. Le bec jaune verdâtre est court et épais. Si vous avez la chance de voir voler ce râle, notez la bordure blanche au bas de l'aile.

Le Râle jaune est particulièrement discret. Comme les autres râles, il est plus actif à la tombée du jour et même la nuit.

Son cri, un genre de «clic, clic, clic» répété souvent en longues séries sur le même ton, rappelle le son produit par deux pierres frappées l'une contre l'autre. Il peut répondre à des imitations de son cri.

ESPÈCE SEMBLABLE: Le Râle de Caroline, qui est plus grand.

HABITAT: Vit dans les marais d'eau douce ou saumâtre peu profonds, bordés de plantes émergentes. En période de migration et en hiver, fréquente aussi les champs humides. Seuls les marais

suffisamment étendus pour abriter plus d'un couple seraient fréquentés par cette espèce.

NIDIFICATION: Le nid est une coupe formée de fines brindilles, placée au sec en bordure du marais ou au-dessus de l'eau. Une touffe de végétation le recouvre souvent en partie.

La femelle pond une dizaine d'oeufs qu'elle couve quelque 18 jours. Les jeunes peuvent quitter le nid aussitôt après l'éclosion et voler après 35 jours environ.

ALIMENTATION: D'après le peu d'information dont on dispose, se nourrit d'insectes, d'escargots, de petits poissons, de graines et de trèfle.

NOTE:
- Les caractères biologiques de l'espèce, sa répartition géographique et sa population sont très mal connus. Pour ces raisons, et compte tenu du rythme de disparition de ses habitats de reproduction, le Râle jaune a été inscrit sur la liste des oiseaux vulnérables du Québec publiée par le Service canadien de la faune en 1989.

PLUVIER SEMIPALMÉ

Ordre: Charadriiformes
Famille: Charadriidae

Charadrius semipalmatus
Semipalmated Plover
Pluvier à collier
(Gravelot semipalmé)

Oiseau de rivage plus grand que le moineau. Manteau brunâtre, dessous blanc. Bec court et collier foncé.

Taille: 18 cm (16,5-19,5 cm)
Poids: 50 g

RÉPARTITION: Niche un peu partout au Canada, surtout à partir de la hauteur de la baie James (52e parallèle) et plus au nord. Hiverne de la Caroline du Sud à l'Amérique du Sud.

Au Québec, niche aux îles de la Madeleine, dans la région de la baie James et plus au nord, et s'observe plus au sud de la mi-mai au début juin, mais surtout de la fin juillet à la mi-octobre.

 DESCRIPTION: Les adultes des deux sexes sont semblables. Ce petit pluvier au bec court a des pattes orangées, un manteau brun uni et un dessous blanc, avec un collier foncé. La tête est brunâtre avec une bande blanche au front. Le croupion est foncé. Au printemps, le bec est jaune orangé avec le bout noir. À l'automne, les zones noires sur la poitrine et près de l'oeil deviennent brunes, et le bec noirâtre. Les juvéniles ressemblent aux adultes en plumage d'automne, avec un collier réduit et des pattes foncées.

 ESPÈCES SEMBLABLES: Le Pluvier siffleur (*Charadrius melodus*), de même taille et de même allure, qui est toujours plus pâle, avec un croupion blanc. Il fréquente surtout les rivages côtiers.

Le Pluvier kildir (*Charadrius vociferus*), nettement plus gros et plus bruyant, qui a un double collier noirâtre et le croupion orangé.

 HABITAT: En période de reproduction, recherche les endroits secs (sable, gravier), mais fréquente aussi les milieux humides des

régions nordiques. En migration, on l'observe sur les berges des lacs et des cours d'eau, douce ou salée.

NIDIFICATION: Le nid est une simple dépression au sol où les deux parents couvent les oeufs, habituellement au nombre de quatre, de 23 à 25 jours. Après l'éclosion, les jeunes quittent le nid très tôt mais mettent environ quatre semaines à voler.

ALIMENTATION: Se nourrit surtout de crustacés et d'insectes qu'il attrape sur le rivage.

NOTES:
- Son nom lui vient de ses doigts antérieurs partiellement réunis par une membrane.
- Il se déplace souvent en compagnie de différentes espèces de bécasseaux. Il a l'habitude de marcher rapidement, puis de faire une pause en redressant la tête.

BÉCASSEAU SEMIPALMÉ

Ordre: Charadriiformes
Famille: Scolopacidae

Calidris pusilla
Semipalmated Sandpiper

Oiseau de rivage plus grand que le moineau. Manteau brunâtre. Bec noir et droit. Pattes noires.

Taille: 15 cm (14-17 cm)
Poids: 30 g

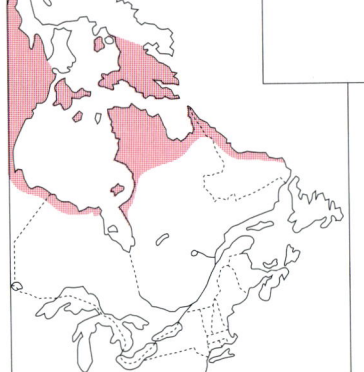

RÉPARTITION: Niche dans le Nord canadien et en Alaska. Hiverne en petit nombre dans le sud des États-Unis mais surtout en Amérique centrale (Panama) et dans le nord de l'Amérique du Sud (Suriname).

Au Québec, niche dans le nord et s'observe plus au sud surtout de la mi-juillet à la mi-octobre et aussi vers la fin mai.

 DESCRIPTION: Les adultes des deux sexes sont identiques. Ce petit oiseau de rivage a un bec noir assez court et droit. Les pattes sont noires. Les petites palmures entre les doigts sont très rarement observables. Au printemps, le plumage nuptial se caractérise par un soupçon de roux à la calotte, aux oreilles et aux scapulaires. Le manteau est alors foncé, les plumes noires sont bordées de roux, et des rayures forment une bande sur la poitrine. Le ventre est blanc. À l'automne, les adultes ont un manteau brunâtre uniforme et le dessous blanc avec les côtés de la poitrine grisâtres et indistinctement rayés. À la même époque, les juvéniles ont les plumes du manteau de couleur noirâtre avec une bordure pâle formant un motif en écailles, un sourcil net et une raie sourcillière pâle. La poitrine est lavée de chamois sans rayures évidentes.

 ESPÈCES SEMBLABLES: Le Bécasseau minuscule, qui s'en distingue par la couleur de ses pattes, jaunâtre ou verdâtre, et par la forme légèrement tombante de son bec. Il s'observe aussi souvent que le Bécasseau semipalmé dans nos régions.

Le Bécasseau d'Alaska (*Calidris mauri*), très semblable, qui ne s'observe que très rarement dans nos régions. Au printemps, il

montre plus de roux à la tête, aux oreilles et aux scapulaires, et il a les flancs marqués de V foncés. Les juvéniles et les adultes en plumage d'hiver du Bécasseau semipalmé et du Bécasseau d'Alaska sont difficiles à distinguer.

HABITAT: En période de reproduction, affectionne les dunes, les endroits sablonneux en bordure des rivières et la toundra humide. En migration, on l'observe souvent en bande sur les rivages côtiers, les terrains humides et les berges des lacs et rivières, en eau douce ou salée.

NIDIFICATION: Le nid est un simple petit creux. Il est garni d'herbes, de mousses et de feuilles sèches.

Les deux parents couvent les oeufs, habituellement au nombre de quatre, pendant une vingtaine de jours. Les jeunes peuvent voler environ 19 jours après l'éclosion.

Comme chez plusieurs espèces d'oiseaux, les jeunes femelles nichent tard et leurs oeufs sont petits, d'où un taux de reproduction plus faible que la moyenne.

ALIMENTATION: En migration, se nourrit surtout d'insectes aquatiques, de mollusques, de vers et de crustacés qu'il attrape à la surface ou en fouillant le sol.

NOTES:
- Comme l'indique son nom latin *pusilla*, qui signifie très petit, c'est un des plus petits oiseaux de rivage avec le Bécasseau minuscule.
- Au début du mois d'août, plus d'un demi-million de ces oiseaux se rassemblent dans la baie de Fundy, en route vers leurs quartiers d'hiver. Une loi remontant à 1918 interdit la chasse de cette espèce qui était surexploitée au début du siècle. Aujourd'hui, le Bécasseau semipalmé est un des oiseaux de rivage les plus abondants.
- La longévité maximale connue chez cet oiseau serait de sept ans.

Michel Quintin

BÉCASSEAU MINUSCULE

Ordre: Charadriiformes
Famille: Scolopacidae

Calidris minutilla
Least Sandpiper

Oiseau de rivage de la taille du moineau. Pattes jaune verdâtre et bec noirâtre plutôt mince. Dos brun.

Taille: 15 cm (12,5-17 cm)
Poids: 25 g

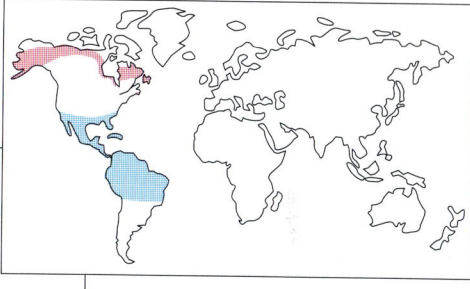

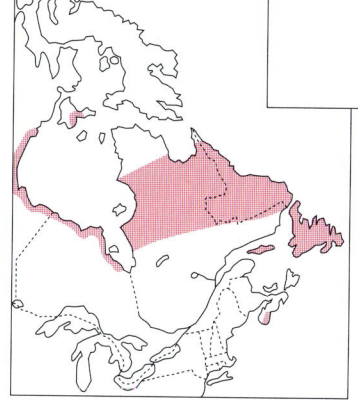

RÉPARTITION: Niche au Canada, surtout à la hauteur de la baie James (52e parallèle) et plus au nord, mais aussi par endroits dans les Maritimes. Niche également en Alaska. Hiverne depuis le sud des États-Unis jusqu'en Amérique du Sud, et dans les Antilles.

Au Québec, niche dans le nord de la province, dans le territoire compris entre la baie James et la baie d'Ungava, à l'île d'Anticosti et aux îles de la Madeleine. On l'observe surtout vers la fin mai et de la fin juillet à la fin septembre.

 DESCRIPTION: Les adultes des deux sexes sont identiques. Le Bécasseau minuscule a les pattes jaune verdâtre et le bec plutôt mince. C'est le plus petit de nos oiseaux de rivage. Au printemps et en été, il a le dos brun roux tacheté de noir et des rayures brunâtres sur la poitrine et sur la tête, tandis que la gorge et le ventre sont blancs. À l'automne et en hiver, les rayures de la tête et de la poitrine sont plus pâles et le dos brun n'est plus tacheté de noir. Les juvéniles en migration d'automne ressemblent aux adultes, mais des tons de roux apparaissent sur la tête et sur l'aile repliée.

 ESPÈCE SEMBLABLE: Le Bécasseau semipalmé, qui a le dos plus pâle, ainsi que les pattes et le bec, plus droit, noirs. Il s'observe aussi souvent que le Bécasseau minuscule dans nos régions.

HABITAT : Niche en bordure des terrains humides de la toundra, de la taïga et du muskeg. En migration, on l'observe sur les rives d'une grande variété de plans d'eau douce ou salée, plus rarement dans les endroits plus secs. Il préfère les berges couvertes de végétation basse aux endroits complètement dénudés.

NIDIFICATION : Le nid est une simple dépression, le plus souvent près de l'eau, parmi la végétation basse.

C'est surtout le mâle qui couve les oeufs, habituellement au nombre de quatre, pendant une vingtaine de jours. Les jeunes peuvent suivre les parents et trouver eux-mêmes leur nourriture peu de temps après l'éclosion.

ALIMENTATION : Se nourrit d'insectes, de vers, de petits mollusques et de crustacés qu'il trouve en fouillant le sol avec son bec.

NOTES :

• En migration, le Bécasseau minuscule forme parfois de grandes bandes en compagnie du Bécasseau semipalmé et du Bécasseau sanderling (*Calidris alba*). Quand ces bandes s'envolent en tournoyant, elles paraissent tantôt foncées, tantôt pâles, selon que l'on voit le dos ou le ventre des oiseaux. Tous ces bécasseaux sont très peu méfiants ; un observateur immobile pourra les voir passer presque à ses pieds.

• L'identification des différentes espèces de bécasseaux qui reviennent des aires de nidification présente beaucoup d'intérêt. Il faut bien sûr de la pratique et de bons guides, mais il convient aussi d'être en mesure de déterminer l'âge des oiseaux et de noter le cas échéant la forme du bec et de la tête, la longueur des ailes, le comportement et d'autres traits particuliers tels la coloration du plumage et la présence de marques sur les ailes et la queue de l'oiseau en vol. Le cri s'avère par ailleurs un critère d'identification important. Méfiez-vous de la couleur des pattes, qui peut varier chez des oiseaux d'âges différents, et de la présence de taches de boue.

• En ce qui concerne l'âge, il faut savoir qu'au printemps, les oiseaux ont leur plumage de noces aux couleurs nettes et souvent éclatantes. À leur retour du nord, souvent dès le début juillet, plusieurs espèces voyagent par groupes d'âge. Les adultes arrivent les premiers dans nos régions, avec un plumage plus terne qu'au printemps, sans éclat et sans marques évidentes ; ils sont en train de compléter leur mue pour prendre le plumage d'hiver. Les jeunes de l'année montrent pour leur part un plumage plus frais, plus éclatant que celui des adultes. Les bécasseaux observés entre juillet et novembre ont donc soit un plumage juvénile, soit un plumage d'hiver.

François Morneau

BÉCASSEAU À CROUPION BLANC

Ordre: Charadriiformes
Famille: Scolopacidae

Calidris fuscicollis
White-rumped Sandpiper
(Bécasseau de Bonaparte)

Oiseau de rivage plus grand que le moineau. Manteau brunâtre. Au repos, les ailes dépassent la queue. Le haut de la queue est blanc. Pattes courtes et bec légèrement tombant.

Taille: 19 cm (18-20 cm)
Poids: 40 g

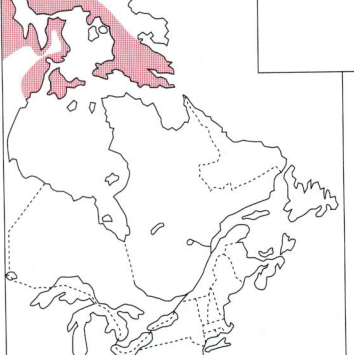

RÉPARTITION: Niche dans l'Arctique canadien et en Alaska. Hiverne plus au sud que la plupart des autres oiseaux de rivage, se rendant jusqu'à la Terre de Feu.

Ne niche pas au Québec. S'observe vers la fin mai et de la fin juillet à la fin novembre.

DESCRIPTION: Au printemps, les adultes ont un plumage brun roux. À l'automne, le plumage devient brun gris et paraît plus terne. Le sourcil est blanc, et la gorge ainsi que la poitrine sont finement rayées de brun. Le ventre est uniformément pâle. C'est le haut de la queue et non le croupion qui est blanc. Le bec est légèrement tombant. Repliées, les ailes dépassent la queue. Chez les juvéniles, notez la nuque grisâtre tranchant avec le roux de la tête et du dos.

ESPÈCE SEMBLABLE: Le Bécasseau de Baird (*Calidris bairdii*), qui a la même taille, la même allure et le même habitat. On l'observe cependant plus rarement et presque exclusivement à l'époque de la migration automnale. Au repos, les ailes dépassent aussi la queue, et l'oiseau a l'habitude de branler le derrière en décrivant des cercles. En vol, notez le croupion et la queue au centre foncé bordé de pâle. À l'automne, les juvéniles sont plus ternes que ceux du Bécasseau à croupion blanc, et les adultes ont un plumage plus brun que celui de leur cousin.

Yves Aubry

HABITAT: Migre le long des côtes, sur les rives des lacs et des rivières et dans les grands milieux humides. Niche dans les régions sèches et rocheuses de la toundra arctique.

NIDIFICATION: Le nid est une simple dépression du sol tapissée de végétation, souvent des feuilles de saule.

La femelle couve les oeufs, habituellement au nombre de quatre. La couvaison dure 21 ou 22 jours et les oisillons peuvent voler au bout de 16 ou 17 jours.

Les mâles, qui sont polygames, quittent rapidement les aires de nidification après la ponte.

ALIMENTATION: Se nourrit surtout d'insectes et d'autres invertébrés tels les vers marins, qu'il attrape sur le sol ou en eau peu profonde.

NOTE:
- Ce bécasseau voyage souvent en compagnie du Bécasseau à poitrine cendrée.

MOUCHEROLLE À CÔTÉS OLIVE

Ordre: Passeriformes
Famille: Tyrannidae

Contopus borealis
Olive-sided Flycatcher

Passereau plus grand que le moineau. Dos et flancs olive grisâtre, dessous blanchâtre ou jaunâtre. Se tient droit lorsque perché.

Taille: 19 cm (18-19,8 cm)
Poids: 32 g

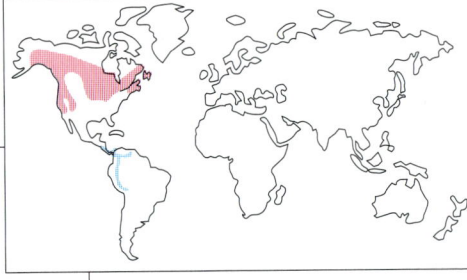

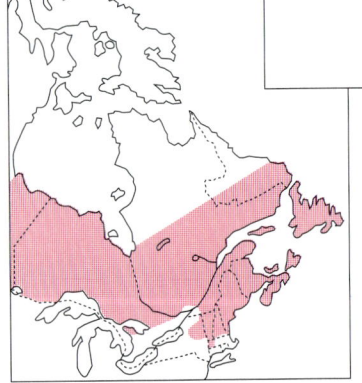

RÉPARTITION: Niche au Canada et en Alaska jusqu'à la limite des arbres. Niche également dans quelques États de l'ouest et de l'est des États-Unis. Hiverne en Amérique du Sud.

Au Québec, niche jusqu'à la hauteur de la baie James (52e parallèle) et s'observe surtout entre la mi-mai et la mi-septembre.

 DESCRIPTION: Les adultes des deux sexes sont semblables. Le plumage est olive grisâtre, à l'exception d'une zone blanchâtre ou jaunâtre qui s'étend de la gorge au ventre. La tête est grosse et la queue, assez courte.

En vol, notez les touffes blanches de chaque côté du croupion. Le Moucherolle à côtés olive se tient droit lorsque perché, souvent à la cime d'un arbre mort.

Son cri est un «wipp, tri biirr» dont les deux syllabes de la fin sont en decrescendo.

 HABITAT: Fréquente principalement les abords des lacs, des tourbières et des étangs à castors des régions forestières, mais aussi les vergers, les brûlis et les abattis.

 NIDIFICATION: Le nid est le plus souvent placé dans un conifère, loin du tronc. Il consiste en une coupe composée de brindilles, de mousses et de lichens.

La femelle pond habituellement trois oeufs, qu'elle couve 16 ou 17 jours. Les jeunes peuvent voler après la troisième semaine.

Le Moucherolle à côtés olive défend son territoire avec vigueur contre tout intrus, quelle qu'en soit la taille.

ALIMENTATION: Se nourrit essentiellement d'insectes, notamment d'abeilles, capturés au vol. Comme la plupart des moucherolles, il s'élance de son perchoir pour aller gober sa proie au vol et revient se percher au même endroit.

MOUCHEROLLE DES AULNES

Ordre: Passeriformes
Famille: Tyrannidae

Empidonax alnorum
Alder Flycatcher

Passereau de la taille du moineau, au plumage verdâtre. Bec droit assez fort. Deux bandes chamois sur chaque aile. Se tient presque à la verticale lorsque perché.

Taille: 15 cm (13,3 - 17 cm)
Poids: 15 g

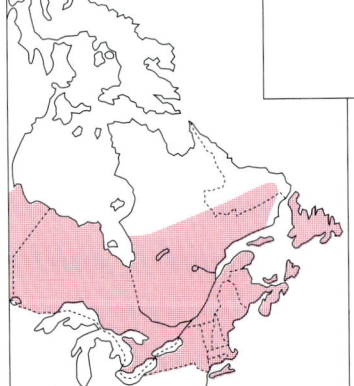

RÉPARTITION: Niche au Canada jusqu'à la limite des arbres, en Alaska et dans quelques États du nord-est des États-Unis. Hiverne en Amérique centrale et en Amérique du Sud.

Au Québec, niche jusqu'à la hauteur de la baie James et s'observe surtout de la mi-mai à la fin août.

DESCRIPTION: Les deux sexes sont semblables. La tête, la nuque et le dos sont verdâtres. La gorge est blanche, et la poitrine ainsi que le ventre sont pâles avec du jaune.

Lorsqu'il est perché en se tenant presque à la verticale, notez les deux bandes chamois sur les ailes, le bec assez long et fort et le hochement fréquent de la queue.

Le chant, en trois syllabes avec l'accent sur la deuxième, se rapproche d'un grinçant «fîî-bî-o». Il est très important de savoir le reconnaître pour pouvoir différencier cette espèce des autres moucherolles au plumage semblable.

ESPÈCES SEMBLABLES: Le Moucherolle tchébec (*Empidonax minimus*) et le Moucherolle des saules (*Empidonax traillii*), dont le plumage ressemble tellement à celui du Moucherolle des aulnes que seuls l'habitat et, surtout, le chant permettent de distinguer ces trois espèces.

Le Moucherolle tchébec émet un puissant «tchébec» court et répété; il fréquente surtout les boisés en régénération et d'autres zones de forêt clairsemée.

Le chant du Moucherolle des saules ressemble à un «fits-biou» en deux syllabes de même tonalité. Cette espèce affectionne les groupements arbustifs des basses terres du Saint-Laurent où prédominent saules, cornouillers et églantiers, soit en général des habitats plus secs que ceux fréquentés par le Moucherolle des aulnes.

À l'automne, il devient difficile de différencier les trois espèces mentionnées étant donné qu'elles ne chantent plus.

HABITAT: Fréquente surtout les bosquets d'aulnes ou de saules. Ces arbustes poussent souvent le long des cours d'eau ou en bordure des lacs et des marais.

NIDIFICATION: Composé de débris végétaux, le nid en forme de coupe est suspendu dans une fourche verticale d'un buisson.

La femelle pond trois ou quatre oeufs qu'elle couve une douzaine de jours. Le mâle participe aux soins donnés aux oisillons. Les jeunes quittent le nid et peuvent voler environ deux semaines après l'éclosion.

ALIMENTATION: Se nourrit surtout d'insectes attrapés au vol; comme la plupart des moucherolles, il quitte son perchoir pour aller gober sa proie et revenir se percher au même endroit. De petits fruits complètent parfois son menu.

NOTES:

• La famille des Moucherolles, ou *Tyrannidae*, compte quelque 360 espèces qui nichent toutes dans le monde occidental, surtout sous les tropiques.

• La distinction entre le Moucherolle des aulnes et le Moucherolle des saules n'a été établie qu'en 1973. Auparavant, une seule espèce était reconnue, soit le Moucherolle des aulnes ou *Empidonax traillii* (nom latin qui désigne maintenant le Moucherolle des saules).

Le Moucherolle des saules est plus agressif que le Moucherolle des aulnes, qui a tendance à lui céder la place. C'est ce comportement, ajouté au fait que les deux espèces ne se croisent pas et que leurs chants et leurs nids sont différents, qui a conduit les taxinomistes à établir une distinction entre les deux espèces.

HIRONDELLE BICOLORE

Ordre: Passeriformes
Famille: Hirundinidae

Tachycineta bicolor
Tree Swallow

Hirondelle de la taille du moineau, au dessus bleu et au dessous blanc. Queue légèrement fourchue.

Taille: 14 cm (12,5-15,7 cm)
Poids: 20 g

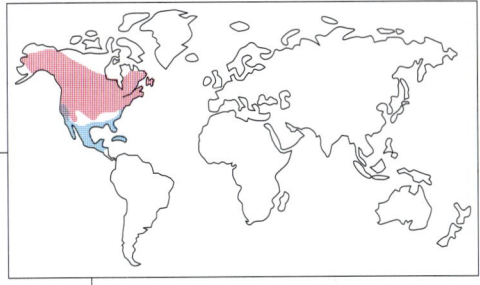

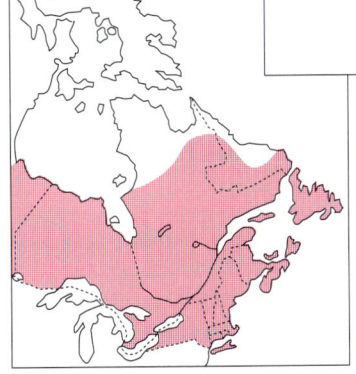

RÉPARTITION: Niche dans tout le Canada jusqu'à la limite des arbres, en Alaska et dans plusieurs États américains. Hiverne depuis le sud des États-Unis jusqu'en Amérique centrale et à Cuba.

Niche partout au Québec sauf dans l'extrême nord. C'est habituellement la première espèce d'hirondelle à nous revenir au printemps (début avril), et la dernière à nous quitter à l'automne (fin octobre).

DESCRIPTION: Le blanc débute sous l'oeil et couvre la gorge, la poitrine et le ventre. Chez le mâle adulte, la partie supérieure de la face et le reste du corps sont bleu foncé avec des reflets bleu vert, tandis que chez la femelle, les reflets se limitent à quelques endroits sur les ailes. Les femelles âgées d'un an et parfois même de deux ans ont un dessus marqué de brun qui les distingue des femelles adultes. Les juvéniles ont le dos brunâtre et le dessous semblable à celui des adultes, sans reflets.

En vol, notez la queue légèrement fourchue, le dessous tout blanc et le vol ramé suivi de glissades.

ESPÈCES SEMBLABLES: Chez les juvéniles, ceux de l'Hirondelle de rivage, qui ont une bande pectorale brune, et ceux de l'Hirondelle à ailes hérissées, qui ont une gorge foncée.

HABITAT: Bien que souvent observée dans les villes et au-dessus des champs, fréquente abondamment les terrains humides et les plans d'eau douce. On l'observe aussi au-dessus des marais saumâtres.

 NIDIFICATION: Outre les nichoirs, l'Hirondelle bicolore affectionne les cavités naturelles des arbres, dont les branches surplombent l'eau de préférence. Divers débris végétaux, auxquels s'ajoutent des plumes pâles, composent son nid. Une hirondelle a déjà été vue arrachant une plume sur le dos d'un canard domestique vivant! L'Hirondelle bicolore utilise parfois les nichoirs destinés aux canards, et elle se sert aussi régulièrement de ceux qui sont aménagés pour le Merle-bleu de l'Est (*Sialia sialis*).

La femelle pond habituellement cinq ou six oeufs qu'elle couve de 13 à 16 jours. Quand elle quitte le nid pour s'alimenter, le mâle y entre pour bloquer l'entrée à d'autres hirondelles. Les oisillons quittent le nid et peuvent voler vers la troisième semaine.

Dès son arrivée au printemps, le mâle se perche près du nid en chantant; il défend seul un territoire d'une quinzaine de mètres de rayon jusqu'à l'arrivée de la femelle peu de temps après. Les adultes ont tendance à revenir chaque année nicher au même endroit.

 ALIMENTATION: Se nourrit d'une grande variété d'insectes capturés au vol et parfois au sol, sur le sable ou les berges humides. Se nourrit aussi parfois de fruits ou de graines. C'est l'hirondelle qui possède le menu le plus varié, les autres espèces étant presque exclusivement insectivores.

 NOTES:

- On ne connaît pas encore de moyen infaillible pour empêcher le Moineau domestique (*Passer domesticus*) d'occuper les nichoirs destinés aux hirondelles.
- L'Hirondelle bicolore migre par bandes pouvant compter plusieurs milliers d'oiseaux de l'espèce, auxquels se joignent des hirondelles d'autres espèces. Ces bandes se posent pour la nuit dans des «dortoirs», souvent des marais.
- Il est difficile de s'imaginer la quantité d'insectes, souvent nuisibles, que l'Hirondelle bicolore et les autres espèces de la même famille consomment annuellement. N'oublions pas que les parents nourrissent les jeunes au nid durant plus de deux semaines, à raison d'un repas toutes les deux ou trois minutes!
- On croit que l'Hirondelle bicolore pourrait vivre jusqu'à 11 ans. (En moyenne, elle vit 2,7 ans.)

Musée canadien de la nature

HIRONDELLE À AILES HÉRISSÉES

Ordre: Passeriformes
Famille: Hirundinidae

Stelgidopteryx serripennis
Northern Rough-winged Swallow

Hirondelle de la taille du moineau. Dos brun. Gorge et poitrine de couleur brun grisâtre uniforme. Queue légèrement fourchue.

Taille: 14 cm (12,8-14,5 cm)
Poids: 16 g

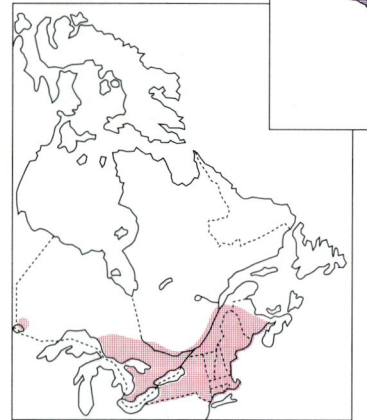

RÉPARTITION: Niche au Canada, depuis la Colombie-Britannique jusqu'au Nouveau-Brunswick, dans la majorité des États américains, et en Amérique centrale jusqu'au Costa Rica. Hiverne dans le sud des États-Unis et en Amérique centrale.

Au Québec, niche dans le sud, où elle s'observe surtout entre la mi-avril et le début septembre.

DESCRIPTION: Les adultes des deux sexes sont semblables. Ils ont le dos brun uni, la gorge et la poitrine brun grisâtre, et le ventre plus pâle. Les juvéniles ont un plumage semblable à celui des adultes, avec des bandes alaires de couleur cannelle. La queue est légèrement fourchue.

Le vol est plutôt lent, direct, ponctué de grands battements d'ailes.

ESPÈCES SEMBLABLES: L'Hirondelle de rivage, qui s'en distingue par une bande pectorale brune bien définie.

Chez les juvéniles, l'Hirondelle bicolore, dont la gorge est plus claire.

HABITAT: Niche et chasse souvent à proximité des cours d'eau, mais aussi dans des endroits plus secs.

NIDIFICATION: Ne niche pas en colonies. Creuse elle-même une galerie dans une pente meuble d'un cours d'eau, d'une sablière ou d'une gravelière. Peut aussi utiliser l'ancien nid d'un Martin-pêcheur d'Amérique et les crevasses dans les ponts ou les tuyaux de route (ponceaux) enjambant un cours d'eau. Le nid est une coupe aménagée au centre d'une simple accumulation de débris végétaux, tapissée de matériaux plus fins.

La femelle pond habituellement six ou sept oeufs qu'elle couve seule 15 ou 16 jours. Les deux parents nourrissent les jeunes, qui quittent le nid et peuvent voler une vingtaine de jours après l'éclosion.

 ALIMENTATION: Se nourrit d'insectes capturés au vol et plus rarement au sol.

 NOTES:
- Cette hirondelle possède de petits crochets, visibles seulement à la loupe, sur le bord externe de la rémige primaire la plus distale. Son nom lui vient de ces crochets, qui produiraient un son caractéristique au moment de la pariade.
- Moins grégaire que les autres espèces d'hirondelles, on l'observe le plus souvent seule, en couples, ou en très petits groupes.

HIRONDELLE DE RIVAGE

Ordre: Passeriformes
Famille: Hirundinidae

Riparia riparia
Bank Swallow
Hirondelle des sables

Hirondelle de la taille du moineau, au dessous blanc avec une bande brune à la poitrine. Tête et dos brunâtres.

Taille: 13 cm (12-14 cm)
Poids: 15 g

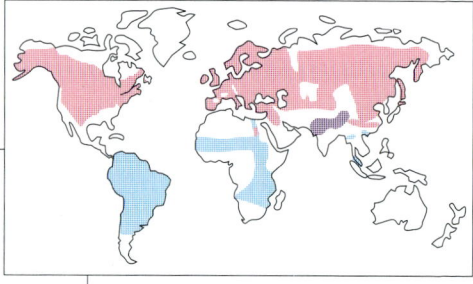

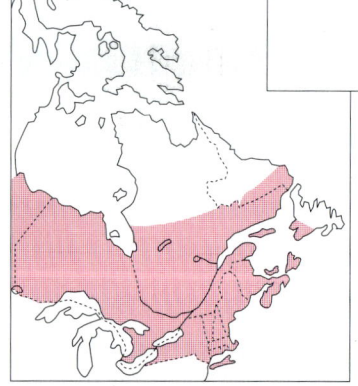

RÉPARTITION: Niche au Canada, en Alaska et jusqu'au centre des États-Unis. Hiverne en Amérique du Sud.

Au Québec, niche jusqu'à la hauteur de la baie James et s'observe surtout du début mai à la mi-septembre.

DESCRIPTION: Les adultes des deux sexes sont semblables. Ils ont la tête et le dos brunâtres, et le dessous blanc avec une bande brune à la poitrine. Les juvéniles portent cette bande pectorale dès leur premier automne. La queue est légèrement fourchue.

ESPÈCES SEMBLABLES: L'Hirondelle à ailes hérissées et le juvénile de l'Hirondelle bicolore, qui n'ont cependant pas de bande pectorale.

HABITAT: Fréquente surtout les cours d'eau et les endroits découverts, où elle s'alimente.

NIDIFICATION: Niche en colonies comptant souvent des dizaines ou même des centaines de couples. Le nid est situé au fond d'une galerie creusée dans la partie supérieure de la pente abrupte d'une sablière ou gravelière ou d'un rivage au sol meuble. Il consiste en un amas lâche de débris de plantes, de poils et de plumes.

La femelle pond de quatre à six oeufs qui sont couvés par les deux parents de 14 à 16 jours. Les jeunes sont nourris par les parents; ils quittent le nid et peuvent voler près de 20 jours après l'éclosion.

Les Hirondelles de rivage utilisent les mêmes cavités chaque année. Il y a habituellement plus de cavités que de nids, les oiseaux non reproducteurs ne terminant pas la construction de leur nid; il arrive aussi qu'un obstacle empêche l'oiseau de le terminer.

 ALIMENTATION: Se nourrit presque exclusivement d'insectes attrapés au vol au-dessus de l'eau ou des champs.

 NOTES:
- Cette petite hirondelle s'observe souvent près des endroits où elle peut nicher.
- Pour repérer une colonie d'Hirondelles de rivage, visitez les carrières et sablières de votre région à la fin mai. Sur les cartes topographiques, ces endroits sont indiqués par un symbole. Une excursion en canot en suivant le cours d'une rivière aux pentes abruptes et au sol meuble pourrait aussi se révéler fructueuse.
- L'Hirondelle de rivage migre en bandes importantes, en compagnie d'autres espèces d'hirondelles.
- La longévité maximale connue chez cette espèce serait de huit ans. (En moyenne, cette hirondelle vit moins de trois ans.)

HIRONDELLE À FRONT BLANC

Ordre: Passeriformes
Famille: Hirundinidae

Hirundo pyrrhonota
Cliff Swallow

Hirondelle de la taille du moineau, avec du chamois au front et au croupion. Tête et dos foncés. Queue presque carrée.

Taille: 14 cm (12,5-15 cm)
Poids: 20 g

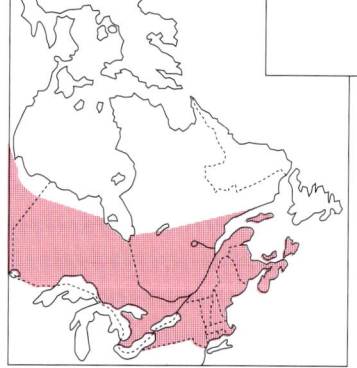

RÉPARTITION: Niche au Canada et dans la majeure partie des États-Unis, y compris l'Alaska, sauf dans quelques États du sud-est du pays. Hiverne en Amérique du Sud.

Au Québec, niche jusqu'à la hauteur de la baie James, et s'observe surtout du début mai à la mi-septembre.

 DESCRIPTION: Les adultes des deux sexes ont la même coloration. Le front et le croupion sont chamois, la tête bleu foncé, le dos noir, la gorge rousse et le dessous gris pâle. Les fines rayures blanches sur le dos sont rarement visibles. La queue est presque carrée. Les juvéniles ont une coloration plutôt brunâtre; ils ont aussi une tache chamois au croupion et une gorge foncée.

Le vol se caractérise par de fréquentes glissades planées comme en fait l'Hirondelle noire.

 HABITAT: S'observe surtout au-dessus des grands plans d'eau, où elle pourchasse les insectes. Fréquente aussi les terrains découverts.

 NIDIFICATION: Niche en colonies comptant souvent plusieurs dizaines d'oiseaux de l'espèce. Colle son nid sur la paroi d'une falaise abritée ou, surtout dans nos régions, sous un pont ou sous l'avant-toit d'un bâtiment ou d'une grange. Le nid consiste en boulettes de boue cimentées par la salive de l'oiseau. Il a la forme d'une cruche, avec une ouverture circulaire qui se prolonge souvent vers l'avant.

C'est surtout la femelle qui couve les oeufs, au nombre de quatre ou cinq, pendant 14 jours environ. Nourris par les deux

parents, les oisillons peuvent voler 23 jours après l'éclosion; ils reviennent parfois au nid durant quelques jours. Il est possible que cette espèce produise deux couvées par année.

On a découvert récemment que l'Hirondelle à front blanc va parfois pondre un oeuf dans un nid voisin, en plus de la nichée qu'elle couve. Elle a même été vue transportant un de ses oeufs dans son bec pour le déposer dans un autre nid que le sien!

 ALIMENTATION: Se nourrit presque exclusivement d'insectes, dont elle attrape toute une variété au vol.

 NOTES:
- Le Moineau domestique (*Passer domesticus*) occupe parfois le nid de cette hirondelle en s'y installant pendant son absence ou en l'en délogeant.
- On peut favoriser la nidification de cette hirondelle en plaçant une pièce de bois de 5 × 10 cm à plat sur le mur d'un bâtiment, à environ 15 cm sous l'avant-toit. Il doit aussi y avoir de la boue à proximité.
- Quand il fait mauvais temps durant plusieurs jours, il arrive que les hirondelles ne puissent capturer d'insectes pour nourrir les jeunes encore au nid, qui risquent de mourir de faim.
- On croit que l'Hirondelle à front blanc pourrait vivre jusqu'à neuf ans. (En moyenne, elle vit trois ans.)

TROGLODYTE À BEC COURT

Ordre: Passeriformes
Famille: Troglodytidae

Cistothorus platensis
Sedge Wren

Passereau plus petit que le moineau. Plumage brunâtre, dos et calotte rayés et rayure chamois mal définie au sourcil. Discret.

Taille: 11 cm (10-11,4 cm)
Poids: 8 g

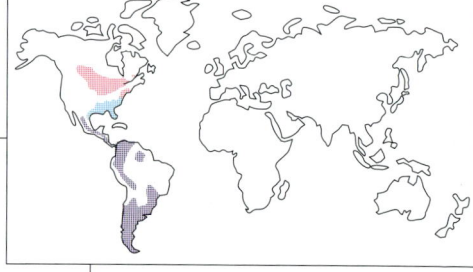

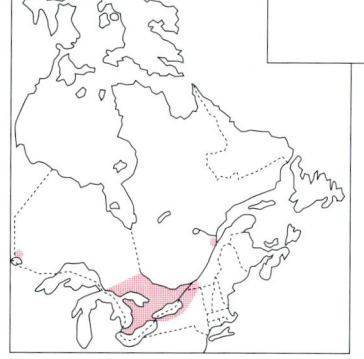

RÉPARTITION: Niche par endroits, du centre à l'est du Canada et des États-Unis. Des races légèrement différentes nichent en Amérique centrale et en Amérique du Sud. Hiverne depuis la Virginie jusqu'au Mexique.

Au Québec, niche dans les basses terres du Saint-Laurent jusqu'au cap Tourmente, dans le sud des Appalaches et sans doute aussi dans le sud des Laurentides. S'observe rarement, surtout entre la mi-mai et le début octobre.

DESCRIPTION: Les deux sexes sont identiques. Le plumage est brunâtre. Le dessous est chamois; le dos et la calotte sont plus foncés avec des rayures pâles. Une ligne chamois mal définie est visible au-dessus de l'oeil.

Vol léger et rapide semblable à celui d'un insecte. Perché, il tient souvent sa queue relevée à angle droit.

ESPÈCE SEMBLABLE: Le Troglodyte des marais, qui est plus grand et montre une ligne blanche bien définie au sourcil ainsi qu'une calotte brune uniforme. Il fréquente surtout les marais à quenouilles ou à roseaux.

HABITAT: Fréquente habituellement des terrains humides tels les prairies à carex et les champs parsemés d'arbustes. Peut aussi s'observer dans les tourbières et les marais sans quenouilles.

NIDIFICATION: Le nid consiste en une boule de brins d'herbe verte et d'herbe sèche, dont l'intérieur est tapissé de poils, de plumes

et d'herbe. Fixé aux plantes à moins d'un mètre de hauteur, il est bien dissimulé et comporte une entrée sur le côté.

La femelle pond habituellement sept oeufs, qu'elle couve de 12 à 16 jours. Le mâle participe aux soins donnés aux oisillons, mais c'est surtout la femelle qui les nourrit. Les jeunes quittent le nid et peuvent voler environ deux semaines après l'éclosion.

De faux nids construits à proximité servent d'abris la nuit. L'espèce n'est pas portée à revenir faire son nid au même endroit d'année en année.

ALIMENTATION: Se nourrit surtout d'insectes mais mange aussi des araignées.

NOTE:
- La population de ce troglodyte plutôt discret a diminué en Nouvelle-Angleterre. Le Service canadien de la faune a jugé opportun de classer le Troglodyte à bec court parmi les espèces vulnérables au Québec compte tenu du peu d'information dont on dispose sur l'importance et la répartition de sa population, et de la disparition d'une partie de ses habitats naturels.

TROGLODYTE DES MARAIS

Ordre : Passeriformes
Famille : Troglodytidae

Cistothorus palustris
Marsh Wren

Passereau plus petit que le moineau, au plumage brunâtre. Queue souvent tenue à angle droit. Bec effilé et légèrement courbé vers le bas. Sourcil blanc.

Taille : 12 cm (10-13,2 cm)
Poids : 13 g

RÉPARTITION : Niche depuis le sud du Canada jusqu'au sud des États-Unis, mais absent de plusieurs États. Hiverne surtout dans le sud de son aire de nidification, parfois plus au nord.

Au Québec, niche rarement plus au nord qu'à la hauteur de Québec et s'observe surtout entre la mi-mai et le début octobre.

DESCRIPTION : Les deux sexes sont identiques. Une ligne pâle au-dessus de l'oeil et de fines rayures blanches au dos marquent le plumage brunâtre. La calotte brune n'est pas rayée, et le dessous est blanchâtre. Le bec est effilé et légèrement courbé vers le bas. Le plumage brunâtre des juvéniles est semblable à celui des adultes sauf pour le sourcil qui n'est pas défini.

Se tient souvent perché les pattes écartées en V et la queue tenue à angle droit.

Le chant peu mélodieux consiste en une ou deux notes basses (genre «chip, chip») suivies d'une succession rapide de notes à consonnance métallique.

ESPÈCE SEMBLABLE : Le Troglodyte à bec court, dont la calotte est rayée et qui porte une ligne chamois mal définie au-dessus de l'oeil. Plus rare dans nos régions, il fréquente les terrains humides à végétation basse comme la prairie à carex.

HABITAT: Fréquente les milieux humides d'eau douce ou saumâtre où la végétation émergente est parfois très dense, comme les marais à quenouilles ou à roseaux.

NIDIFICATION: Composé de feuilles entrelacées à la végétation émergente, le nid a l'aspect d'une poche comportant une ouverture sur le côté. Il est le plus souvent installé à moins de 2 mètres au-dessus de l'eau.

La femelle pond de quatre à six oeufs, qu'elle couve seule de 12 à 14 jours. Les jeunes, qui ne naissent pas tous en même temps, quittent le nid et peuvent voler une quinzaine de jours après l'éclosion tout en continuant d'être nourris un certain temps par les parents.

Le mâle, qui peut être polygame, défend âprement son territoire. Il lui arrive de détruire les oeufs dans le nid d'un autre troglodyte, d'un Petit Butor, ou d'un carouge, qui en fera autant si l'occasion se présente.

Fait à noter, le mâle commence la construction de nids, cinq ou six en moyenne, avant l'arrivée de la femelle dans le territoire. Celle-ci choisira de compléter un de ces nids en tapissant l'intérieur de fins débris végétaux, ou d'en construire un nouveau. Les faux nids peuvent servir d'abris nocturnes aux jeunes et aux adultes.

 ALIMENTATION: Se nourrit essentiellement d'insectes attrapés au sol, sur le feuillage ou en vol.

 NOTES:
- Plus curieux que son cousin le Troglodyte à bec court, il viendra souvent examiner l'intrus qui s'aventure sur son territoire, sautillant sans arrêt d'une tige à l'autre dans sa pose caractéristique, la queue relevée à angle droit.
- Souvent abondant dans les habitats propices, il est facile à observer pour qui sait être patient. Au printemps, il effectue une courte parade aérienne accompagnée de son chant, à faible hauteur au-dessus de la végétation.

PARULINE JAUNE

Ordre: Passeriformes
Famille: Emberizidae

Dendroica petechia
Yellow Warbler
Fauvette jaune

Passereau au bec fin de la taille du moineau. Plumage surtout jaune, même sous la queue. Poitrine rayée de marron chez le mâle. Peu farouche et très commune dans différents habitats.

Taille: 13 cm (12-13,3 cm)
Poids: 10 g

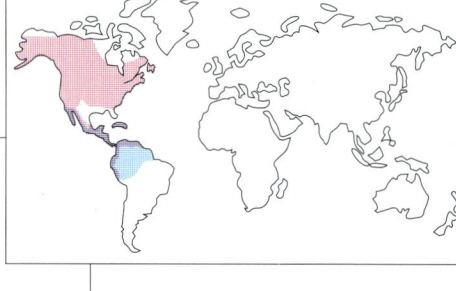

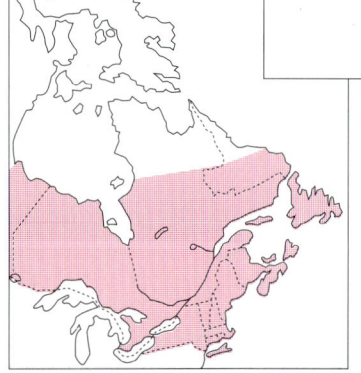

RÉPARTITION: Niche au Canada et dans la majeure partie des États-Unis, sauf dans le Sud. Hiverne surtout en Amérique centrale et en Amérique du Sud, plus rarement dans l'extrême sud des États-Unis.

Au Québec, niche partout jusqu'à la hauteur de la baie d'Hudson, et s'observe surtout du début mai à la fin septembre.

 DESCRIPTION: Chez le mâle, le manteau est olive jaunâtre et la poitrine, finement rayée de marron. La femelle et les juvéniles sont entièrement jaunâtres, sans rayures à la poitrine. Même le dessous de la queue est jaune.

Peu farouche, la Paruline jaune est très commune dans différents habitats.

Le chant, variable, ressemble le plus souvent à un «tire, tire, tire, tire la bibitte» émis rapidement et se terminant en crescendo.

 HABITAT: Fréquente souvent les arbustes en bordure des milieux humides, mais aussi des endroits plus secs tels les arbustes de jardin. Évite la forêt dense.

 NIDIFICATION: Le nid consiste en une coupe assez grande, bien fixée à une fourche d'arbre ou d'arbuste et composée d'herbe, de lambeaux d'écorce et de fibres végétales.

Musée canadien de la nature

La femelle pond habituellement quatre ou cinq oeufs, qu'elle couve 11 jours. Le mâle participe aux soins donnés aux oisillons. Les jeunes quittent le nid et peuvent voler environ 12 jours après l'éclosion.

Il n'est pas rare que le Vacher à tête brune (*Molothrus ater*) ponde un oeuf dans le nid de la Paruline jaune, qui réagit parfois en construisant un nouveau nid par-dessus l'ancien ou en perçant le premier nid sous l'oeuf de l'intrus pour que le refroidissement en empêche l'éclosion. La proximité de nids de Carouges à épaulettes offre une certaine protection à la Paruline jaune, le carouge tenant le vacher à distance en défendant son territoire.

 ALIMENTATION: Se nourrit essentiellement d'insectes attrapés dans le feuillage, sur l'écorce ou au vol, notamment d'insectes nuisibles aux plantes d'ornement.

Paruline à couronne rousse

Ordre: Passeriformes
Famille: Emberizidae

Dendroica palmarum
Palm Warbler
Fauvette à couronne rousse

Passereau au bec fin de la taille du moineau, au manteau brunâtre et au dessous jaunâtre. Porte une calotte rousse au printemps. Hoche souvent la queue. Fréquemment observé au sol.

Taille : 13 cm (12,5-14,5 cm)
Poids : 12 g

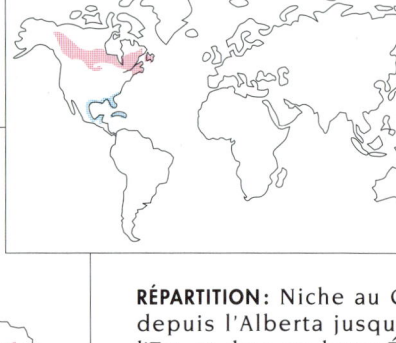

RÉPARTITION : Niche au Canada depuis l'Alberta jusque dans l'Est, et dans quelques États du centre et du nord-est des États-Unis. Hiverne dans le sud des États-Unis, aux Caraïbes et jusqu'en Amérique centrale.

Au Québec, niche en petit nombre jusqu'à la hauteur de la baie James, et s'observe dans nos régions vers le début mai, puis du mois d'août au début octobre.

DESCRIPTION : Au printemps, les adultes des deux sexes ont une couronne rousse, une ligne jaune au-dessus de l'oeil, et les côtés de la gorge, la poitrine ainsi que les flancs jaunes rayés de marron. Le dessous de la queue est jaune. À l'automne, les juvéniles sont semblables aux adultes, dont le roux de la calotte devient brunâtre et la ligne au-dessus de l'oeil plus pâle. Le dessous de la queue demeure jaune. Notez les taches blanches sous l'extrémité de la queue.

La Paruline à couronne rousse hoche souvent la queue. Il n'est pas rare de la voir posée au sol.

HABITAT : En période de reproduction, fréquente surtout les tourbières bordées d'un tapis de mousses et d'arbustes, de mélèzes et d'épinettes noires. En migration, on l'observe aussi sur les terrains plus secs où les buissons sont abondants.

NIDIFICATION : Niche habituellement au sol. Le nid consiste en une coupe de débris végétaux et de plumes dissimulée dans la mousse.

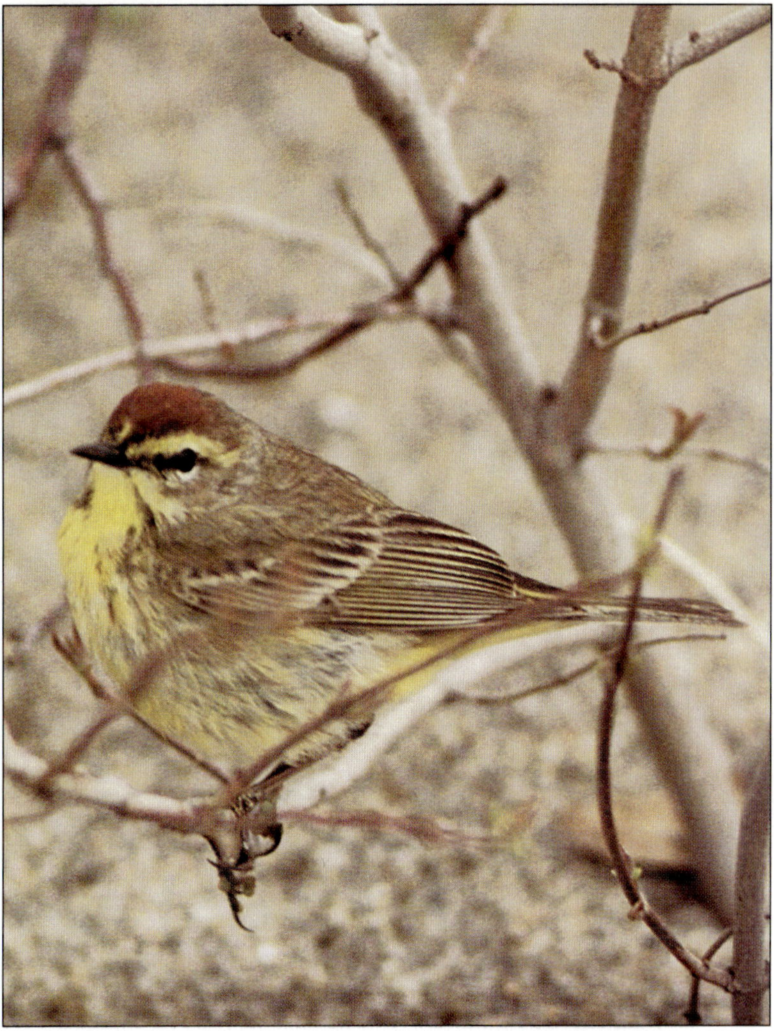

Robert Bonneau

La femelle pond quatre ou cinq oeufs qu'elle couve une douzaine de jours. Les parents nourrissent les oisillons, qui quittent le nid et peuvent voler environ 12 jours après l'éclosion.

ALIMENTATION: Se nourrit principalement d'insectes capturés au sol ou à faible hauteur. Mange aussi de petits fruits.

NOTES:

• Cette paruline est parmi les premières, avec la Paruline à croupion jaune (*Dendroica coronata*), à nous arriver au printemps et parmi les dernières à nous quitter à l'automne.

• La longévité maximale connue chez cette espèce serait de six ans.

PARULINE DES RUISSEAUX

Ordre: Passeriformes
Famille: Emberizidae

Seiurus noveboracensis
Northern Waterthrush
Fauvette des ruisseaux

Passereau de la taille du moineau, au corps allongé et au bec effilé. Calotte et dos bruns, ligne pâle au-dessus de l'oeil, dessous rayé de brun. Le plus souvent caché, au sol ou à faible hauteur.

Taille: 14 cm (12,5-15 cm)
Poids: 18 g

RÉPARTITION: Niche un peu partout au Canada et dans quelques États du nord des États-Unis. Hiverne du Mexique jusqu'en Amérique du Sud, ainsi que dans le sud de la Floride et dans les Antilles.

Au Québec, niche partout sauf dans l'extrême nord de la province, et s'observe surtout du début mai à la fin septembre.

DESCRIPTION: Les deux sexes sont semblables. Le corps est allongé et le bec, effilé. La calotte et le manteau sont bruns et le dessous, pâle rayé de brun. Une ligne pâle est visible au-dessus de l'oeil.

La Paruline des ruisseaux se tient surtout au sol et oscille souvent le corps de haut en bas à la façon du Chevalier branlequeue.

Le chant est saccadé et fort, et après deux ou trois syllabes, se termine brusquement. C'est surtout son chant qui permet de déceler la présence de la Paruline des ruisseaux, qu'il est rarement possible d'observer à loisir.

HABITAT: En période de reproduction, fréquente surtout les buissons très denses en bordure des lacs et des tourbières, dans les régions boisées et les régions nordiques du muskeg et de la toundra alpine.

NIDIFICATION: Le nid consiste en une coupe dissimulée dans une cavité (une souche, par exemple) ou parmi les racines d'un arbre renversé. Composé de mousses, d'herbes, de morceaux d'écorce et d'aiguilles, il est tapissé de matériaux plus fins, comme des poils.

La femelle pond habituellement quatre ou cinq oeufs, qu'elle couve 12 jours. On sait peu de choses du comportement de l'espèce en période de reproduction.

ALIMENTATION: Se nourrit surtout d'insectes, de vers et d'escargots, souvent attrapés en retournant les feuilles au sol avec le bec.

 NOTE:
- Son nom est trompeur, car elle préfère les habitats dont l'eau est calme ou stagnante. C'est sa cousine, la Paruline hochequeue (*Seiurus motacilla*), qui fréquente les ravins où coulent chutes et ruisseaux. Celle-ci est rarement observée dans le nord-est du continent; elle niche plutôt de l'État de New York à la Floride.

PARULINE MASQUÉE

Ordre: Passeriformes
Famille: Emberizidae

Geothlypis trichas
Common Yellowthroat
Fauvette masquée

Passereau au bec fin de la taille du moineau. Manteau brun olive, gorge et poitrine jaunes. Au printemps, masque noir chez le mâle. Curieux.

Taille: 13 cm (12-14 cm)
Poids: 10 g

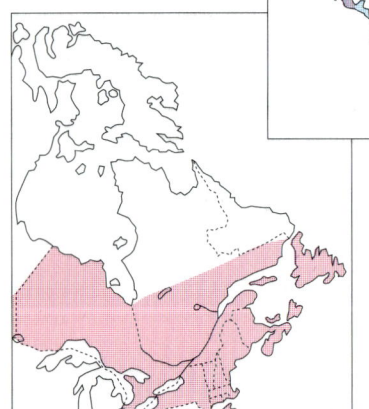

RÉPARTITION: Niche un peu partout en Amérique du Nord et hiverne au sud de son aire de reproduction jusqu'au Costa Rica.

Au Québec, niche jusqu'à la hauteur de la baie James (52e parallèle) et s'observe surtout entre le début mai et la fin septembre.

 DESCRIPTION: Chez les deux sexes, le manteau est brun olive, le ventre blanchâtre, et la gorge de même que la poitrine jaunes. L'espèce ne porte pas de bandes alaires. Le masque noir porté par le mâle au printemps est caractéristique. À l'automne, le jaune du plumage est moins éclatant. Le plumage des juvéniles apparaît plus terne, et le mâle juvénile ne porte qu'un masque partiel.

La Paruline masquée se tient souvent perchée comme le Troglodyte des marais, les pattes écartées en V et la queue relevée.

Son chant caractéristique ressemble à un «ouititsi, ouititsi, ouititsi, ouit» avec l'accent sur la première syllabe. Son cri, un «tcheik» rauque, permet de l'identifier.

 HABITAT: Fréquente différents habitats d'eau douce ou salée, de préférence bordés d'arbustes (saules ou aulnes). Se rencontre aussi dans des fourrés éloignés des points d'eau. Se perche rarement à plus de 5 mètres du sol.

NIDIFICATION: Le nid, plutôt grand pour celui d'un petit oiseau, consiste en une coupe composée de débris végétaux et parfois de poils. Bien dissimulé, au sol ou à moins d'un mètre de hauteur, il est fixé aux herbes ou à la base d'un buisson.

La femelle pond habituellement quatre oeufs, qu'elle couve 12 jours. Les deux parents nourrissent les jeunes, qui quittent le nid une dizaine de jours après l'éclosion.

L'espèce peut produire deux couvées par année. Le nid est parfois parasité par la femelle du Vacher à tête brune (*Molothrus ater*), qui y laisse son oeuf.

ALIMENTATION: Se nourrit essentiellement d'insectes et d'araignées attrapés dans le feuillage.

NOTES:
- Cette espèce a sensiblement le même comportement que le Troglodyte des marais; l'observateur verra souvent l'une ou l'autre de ces espèces venir à sa rencontre dans un marais.
- On croit que la Paruline masquée pourrait vivre jusqu'à sept ans.

PARULINE À CALOTTE NOIRE

Ordre: Passeriformes
Famille: Emberizidae

Wilsonia pusilla
Wilson's Warbler
Fauvette à calotte noire

Passereau de forme allongée et au bec fin, de la taille du moineau. Plumage jaunâtre. Bérêt noir chez le mâle (et plus rarement chez la femelle). Bouge souvent la queue. Discret.

Taille: 12 cm (10,5-13 cm)
Poids: 8 g

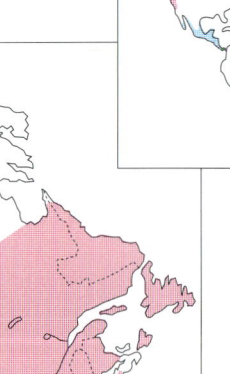

RÉPARTITION: Niche au Canada et dans l'ouest et le nord-est des États-Unis ainsi qu'en Alaska. Hiverne parfois dans l'extrême sud des États-Unis et fréquemment au Mexique et en Amérique centrale.

Au Québec, niche partout sauf dans l'extrême nord-ouest de la province, mais jamais en grand nombre. S'observe surtout vers la fin mai, puis en août et septembre.

DESCRIPTION: Le mâle et, plus rarement, la femelle portent un bérêt noir. Les deux montrent du jaune au front et au-dessus de l'oeil. Le dessous est jaunâtre et le dos verdâtre, et il n'y a pas de bandes alaires. Le bec est fin. Les juvéniles sont semblables aux adultes, sauf pour le béret, moins évident chez le mâle et absent chez la femelle.

Cette paruline discrète et particulièrement active bouge souvent la queue.

HABITAT: Fréquente les fourrés près des terrains humides et des cours d'eau où poussent mélèzes, épinettes et thuyas. Se tient le plus souvent à moins de 3 mètres du sol.

NIDIFICATION: Niche parfois en petits groupes épars. Le nid consiste en une coupe au sol, composée de mousses, de feuilles et d'herbes et tapissée de matériaux plus fins.

Yves Aubry

La femelle pond habituellement cinq oeufs qu'elle couve une douzaine de jours. Les jeunes quittent le nid environ 10 jours après l'éclosion.

ALIMENTATION: D'après le peu d'information dont on dispose, se nourrit d'insectes et parfois aussi de petits fruits. Elle attrape les insectes à la façon des moucherolles, en quittant son perchoir pour gober sa proie pour ensuite revenir se percher au même endroit.

NOTE:
- Le nom de genre *Wilsonia* a été donné à l'espèce en l'honneur d'Alexander Wilson (1766-1813), célèbre ornithologue américain considéré comme l'un des deux «pères» de l'ornithologie, avec John James Audubon.

BRUANT DE LINCOLN

Ordre: Passeriformes
Famille: Emberizidae

Melospiza lincolnii
Lincoln's Sparrow
Pinson de Lincoln

Oiseau de la taille et de l'allure du moineau. Plumage brunâtre avec du chamois à la poitrine, finement rayée. Queue assez courte.

Taille: 15 cm (13,5-15,3 cm)
Poids: 17 g

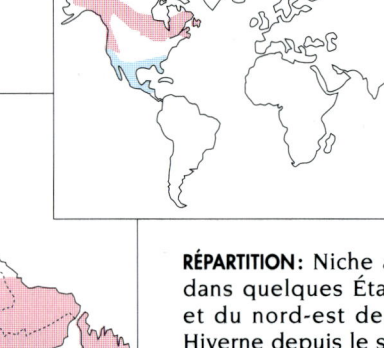

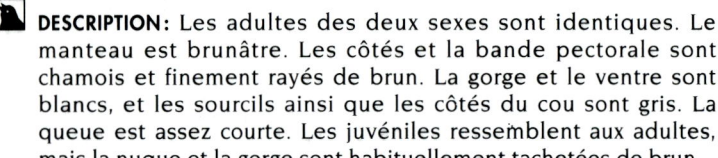

RÉPARTITION: Niche au Canada et dans quelques États de l'ouest et du nord-est des États-Unis. Hiverne depuis le sud des États-Unis jusqu'en Amérique centrale.

Au Québec, niche surtout entre le 47e parallèle, à la hauteur de Québec, et le 55e parallèle, à la hauteur de la baie d'Hudson. S'observe principalement entre la fin avril et la fin octobre.

DESCRIPTION: Les adultes des deux sexes sont identiques. Le manteau est brunâtre. Les côtés et la bande pectorale sont chamois et finement rayés de brun. La gorge et le ventre sont blancs, et les sourcils ainsi que les côtés du cou sont gris. La queue est assez courte. Les juvéniles ressemblent aux adultes, mais la nuque et la gorge sont habituellement tachetées de brun.

Le chant, rapide et mélodieux, est facilement reconnaissable; sorte de croisement des voix du Troglodyte familier (*Troglodytes aedon*) et du Roselin pourpré (*Carpodacus purpureus*), il débute avec des notes basses pour monter abruptement et se terminer sèchement.

ESPÈCES SEMBLABLES: Le Bruant chanteur (*Melospiza melodia*), qui a la poitrine fortement rayée et marquée d'un point foncé. Il fréquente les terrains secs et les zones habitées, mais s'observe aussi aux abords des habitats d'eau douce.

Le Bruant à queue aiguë (*Ammodramus caudacutus*), qui porte une rayure gris foncé sur la tête et des rayures noires et blanches sur le

dos. Il affectionne les rivages saumâtres ou salés mais s'observe aussi parfois dans la prairie humide d'eau douce.

HABITAT: En période de reproduction, fréquente les tourbières, le muskeg, les abords des lacs et les zones de repeuplement où poussent buissons et jeunes conifères. En migration, s'observe un peu partout, souvent loin de tout point d'eau.

NIDIFICATION: Le nid placé au sol consiste en une coupe d'herbe tapissée de matériaux plus fins.

La femelle pond quatre ou cinq oeufs, qu'elle couve seule 13 jours. Les jeunes quittent le nid et peuvent voler une douzaine de jours après l'éclosion.

ALIMENTATION: Se nourrit d'insectes et de graines qu'il trouve en fouillant avec ses pattes dans les feuilles mortes.

NOTES:
- Le célèbre naturaliste John James Audubon a donné le nom de Bruant de Lincoln à cette espèce en l'honneur de Thomas Lincoln qui l'avait accompagné dans son voyage au Labrador en 1833.
- À cause de son plumage brunâtre et de son comportement discret, le Bruant de Lincoln passe souvent inaperçu. Il ne reste pas longtemps à découvert, préférant demeurer caché parmi la végétation. Un bruit de succion sur le revers de la main, ou de chuintement, pourrait faire sortir le Bruant de Lincoln ou d'autres espèces d'oiseaux «timides» de leur cachette.

BRUANT DES MARAIS

Ordre: Passeriformes
Famille: Emberizidae

Melospiza georgiana
Swamp Sparrow
Pinson des marais

Oiseau de la taille et de l'allure du moineau. Plumage sombre, calotte rousse et face grise.

Taille: 13 cm
(12,7-14,7 cm)
Poids: 15 g

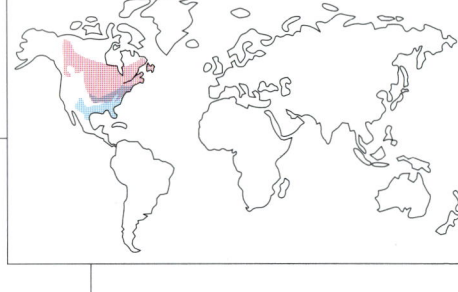

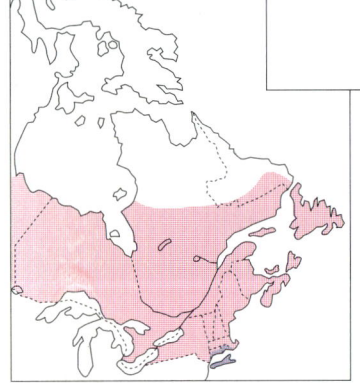

RÉPARTITION: Niche un peu partout au Canada jusqu'à la limite des arbres, sauf sur la côte du Pacifique, et du centre à la côte est des États-Unis. Hiverne du sud de son aire de reproduction jusqu'au sud des États-Unis.

Au Québec, niche jusqu'à la hauteur de la baie d'Hudson (55e parallèle), et s'observe surtout entre la fin avril et la fin octobre.

DESCRIPTION: Les deux sexes sont identiques. Au printemps et en été, le dos est brun foncé, la calotte rousse, la face grise, et la gorge de même que le ventre blanchâtres, avec parfois un point foncé mal défini à la poitrine. Les ailes, sans bandes, sont rousses, et les côtés marron. Le plumage du juvénile à son premier été et de l'adulte à l'automne et à l'hiver reste semblable, sauf la calotte qui devient plus brunâtre avec une raie médiane grise, et les côtés qui deviennent plus chamois.

Son chant énergique quoique monotone – une longue trille forte et plutôt lente – permet souvent de le repérer avant de l'avoir vu.

ESPÈCES SEMBLABLES: Le Bruant hudsonien (*Spizella arborea*), qui porte des bandes alaires blanches, et le Bruant familier (*Spizella passerina*), qui montre une ligne blanche au-dessus de l'oeil.

Roger Lalonde

HABITAT: Fréquente différents milieux humides dont des marais d'eau douce, et parfois saumâtre, caractérisés par l'absence d'arbres. Particulièrement abondant dans les marais où poussent quenouilles, carex et petits arbustes.

À l'époque de la migration, s'observe parfois loin de tout plan d'eau, dans des fourrés, en compagnie d'autres espèces de bruants.

NIDIFICATION: Le nid consiste en une coupe attachée à la végétation, souvent au-dessus de l'eau. Il se compose de débris végétaux grossiers à l'extérieur et de matériaux plus fins à l'intérieur.

La femelle pond habituellement quatre ou cinq oeufs qu'elle couve seule 12 ou 13 jours. Le mâle nourrit la femelle qui couve. Les jeunes quittent le nid et peuvent voler une dizaine de jours après l'éclosion.

ALIMENTATION: Se nourrit surtout de graines, mais aussi d'insectes en grand nombre, gobés au vol ou en marchant dans l'eau peu profonde.

TAILLE 2

Râle de Virginie
Râle de Caroline

Pluvier argenté

Petit Chevalier
Chevalier solitaire
Chevalier branlequeue
Tournepierre à collier
Bécasseau à poitrine cendrée
Bécassine des marais
Phalarope de Wilson

Guifette noire

Hirondelle noire

Carouge à épaulettes
Quiscale rouilleux

OISEAU REPÈRE

MERLE D'AMÉRIQUE

RÂLE DE VIRGINIE

Ordre: Gruiformes
Famille: Rallidae

Rallus limicola
Virginia Rail
Batteux-de-faux, batte-faux, poule d'eau

Oiseau de la taille du merle, avec de grandes pattes. Dos olive avec rayures foncées. Bec long et incurvé. Joues grises et ventre rayé.

Taille: 24 cm (23-25,5 cm)
Poids: 70 g

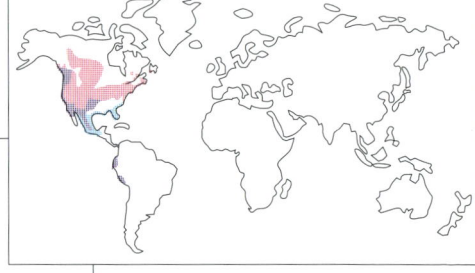

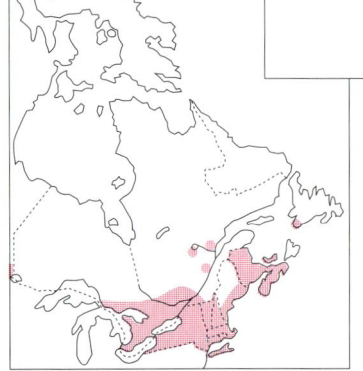

RÉPARTITION: Niche depuis le Canada jusqu'en Amérique du Sud. Hiverne en Virginie et plus au sud.

Au Québec, niche par endroits jusqu'à la hauteur du lac Saint-Jean (48e parallèle). S'observe surtout du début mai à la mi-septembre.

 DESCRIPTION: Les adultes des deux sexes sont identiques. Le dos est olive avec des rayures foncées. La poitrine est de teinte cannelle et la face est grisâtre. Les flancs sont rayés de noir et de blanc, et le bec long et incurvé vers le bas est orangé. Il y a du roux aux ailes chez les adultes comme chez les juvéniles, ces derniers ayant toutefois un plumage plus foncé à l'automne.

La voix, au répertoire varié, comprend un chant facilement reconnaissable par sa fin: on dirait le bruit d'une assiette renversée qui tournoie sur une table avant de s'immobiliser.

 ESPÈCE SEMBLABLE: Le Râle élégant (*Rallus elegans*), de coloration semblable sans les joues grises, qui est presque deux fois plus grand; il ne s'observe qu'exceptionnellement dans nos régions.

 HABITAT: Fréquente presque exclusivement les marais d'eau douce à forte densité de plantes émergentes telle la quenouille. S'observe aussi dans de très petits marais d'eau douce ou saumâtre et dans des fossés envahis par la végétation. Cohabite souvent avec son cousin, le Râle de Caroline.

Paul Perreault

NIDIFICATION: Constitué de plantes lâchement entrelacées, le nid est installé à même le sol dans les endroits les plus secs du marais, ou suspendu aux tiges des plantes.

Les deux parents couvent tour à tour les oeufs, de huit à dix, pendant 19 ou 20 jours. La couvaison débute avant la fin de la ponte, de sorte que tous les oeufs n'éclosent pas en même temps. Bien qu'ils quittent le nid rapidement après l'éclosion et qu'ils puissent nager et plonger, les jeunes sont surtout nourris par les parents les deux ou trois premières semaines. Ils peuvent voler vers la quatrième semaine.

ALIMENTATION: Se nourrit principalement d'insectes, mais aussi d'escargots et de vers qu'il attrape en fouillant le sol avec son bec. Des plantes, telle la lenticule, et des graines complètent son menu.

NOTES:
- Les Râles de Virginie et de Caroline ont été ainsi nommés parce que c'est dans ces États qu'ils ont été identifiés pour la première fois.
- Le Râle de Virginie passe souvent inaperçu; il vole très peu, préférant rester caché dans la végétation. Il défend néanmoins son territoire avec énergie. Si vous vous servez d'un magnétophone pour reproduire son chant, il s'approchera rapidement en cherchant son adversaire, au point de toucher l'appareil.
- Les râles sont souvent actifs la nuit, aussi bien pendant la période de reproduction qu'en migration.

RÂLE DE CAROLINE

Ordre : Gruiformes
Famille : Rallidae

Porzana carolina
Sora
Batte-faux, batteux-de-faux
(Marouette de Caroline)

Oiseau de la taille du merle, haut sur pattes et à l'allure d'un poulet. Bec court et épais, de couleur jaune. Flancs rayés.

Taille : 22 cm (20-30 cm)
Poids : 60 g

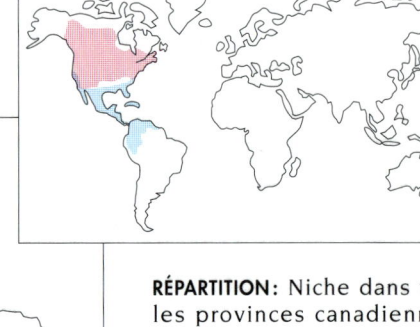

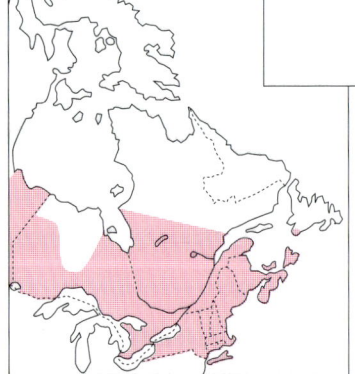

RÉPARTITION : Niche dans toutes les provinces canadiennes et dans la majeure partie des États-Unis. Hiverne depuis le sud des États-Unis jusqu'en Amérique du Sud.

Au Québec, niche jusqu'à la hauteur de la baie d'Hudson (55e parallèle) et s'observe surtout du début mai à la fin août.

DESCRIPTION : Les adultes des deux sexes sont identiques. Ils ont le dos brunâtre finement rayé de noir, du noir à la gorge et à la figure, la poitrine grise, les flancs rayés et les pattes verdâtres. Le bec court et épais est jaune. Les juvéniles ont un plumage brunâtre sans noir ni gris sur le devant.

Le cri, long, consiste en une suite rapide de notes descendantes et plaintives se terminant souvent par un «sooorrâ» traînant et interrogatif.

ESPÈCE SEMBLABLE : Le Râle jaune, observé beaucoup plus rarement, qui est plus petit (18 cm) et montre une bande alaire blanche.

HABITAT : Fréquente toutes sortes de milieux humides d'eau douce ou saumâtre présentant une bonne surface de plantes émergentes. En migration et en hiver, s'observe également dans les marais d'eau salée et parfois aussi dans les champs de céréales.

NIDIFICATION : Composé de plantes aquatiques bien entremêlées, le nid a l'allure d'une assiette peu profonde. Parfois installé à même le sol près de l'eau, il est le plus souvent fixé à la végétation émergente.

Les deux parents couvent les oeufs, dix en moyenne, pendant 18 à 20 jours. Étant donné que la femelle pond un oeuf par jour et que la couvaison commence dès la ponte du premier oeuf, certains jeunes auront quitté le nid avant que tous les oeufs ne soient éclos. Les jeunes peuvent voler vers la troisième semaine après l'éclosion.

ALIMENTATION: Menu surtout composé de végétaux (graines de plantes comme la renouée, le riz sauvage, la lenticule d'eau), complété par des insectes et des mollusques. Se nourrit sur la berge ou dans l'eau peu profonde.

NOTES:
- Comme les autres râles, cette espèce se met à l'abri des regards en se tenant dans les touffes de végétation des marais. Son corps aux côtés aplatis facilite ses déplacements.
- Comme il est rare de voir un râle voler, ce qu'il fait péniblement, sur de courtes distances, on peut se demander comment l'espèce migre. Au moment de la migration qui s'effectue surtout de nuit, le vol est rapide et direct, ce qui permet à l'oiseau de franchir de grandes distances, par exemple de traverser la mer des Caraïbes.

PLUVIER ARGENTÉ

Ordre : Charadriiformes
Famille : Charadriidae

Pluvialis squatarola
Black-bellied Plover
Pluvier à ventre noir
(Vanneau gris)

Oiseau de rivage plus grand que le merle. Bec court et assez fort, croupion blanc, aisselles noires.

Taille : 29 cm (26,5-34,5 cm)
Poids : 200 g

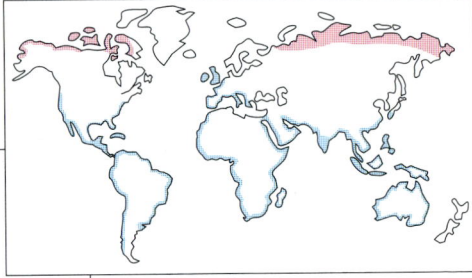

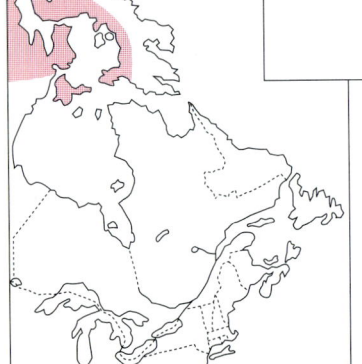

RÉPARTITION : Niche dans l'Arctique et en Alaska. Hiverne depuis les côtes est et ouest des États-Unis jusqu'en Amérique du Sud.

Ne niche pas au Québec. S'observe à l'époque de la migration automnale, de la mi-août au début novembre et plus rarement au printemps, de la mi-mai à la mi-juin.

DESCRIPTION : Les adultes des deux sexes sont semblables. Le Pluvier argenté a les aisselles noires ainsi qu'une bande alaire et le croupion blancs. Au printemps, le plumage des adultes est spectaculaire. La région noire qui s'étend de la face au ventre tranche sur le blanc du cou et de la tête. Le manteau est alors gris tacheté de noir. En automne, le plumage des adultes et des juvéniles (dont les sous-caudales et le croupion sont également blancs) est brun gris. Les pattes de même que le bec, court et assez fort, sont toujours foncés.

ESPÈCE SEMBLABLE : Le Pluvier doré d'Amérique (*Pluvialis dominica*), dont le croupion n'est pas blanc et qui n'a ni bandes alaires ni aisselles noires.

HABITAT : En migration, fréquente les berges humides et les vasières, ainsi que les champs à herbe courte. En période de nidification, habite surtout la toundra humide.

NIDIFICATION : Le nid est une dépression au sol, en terrain sec, tapissée de débris végétaux.

Les deux parents couvent à tour de rôle les oeufs, habituellement quatre, pendant 26 ou 27 jours. Les oisillons quittent le nid environ 12 jours après l'éclosion. Le mâle continue de veiller sur les jeunes, qui peuvent voler quelque 40 jours après leur naissance.

ALIMENTATION : Sur les rives, se nourrit d'insectes, de vers et de mollusques. Dans les champs humides, se nourrit de vers et d'insectes, surtout des criquets.

NOTE :
- La femelle aurait tendance à migrer plus au sud que le mâle. Il n'est pas rare que les juvéniles demeurent dans le sud pendant la première année de leur vie. Le Pluvier argenté ne se reproduit pas avant sa deuxième ou sa troisième année.

PETIT CHEVALIER

Ordre : Charadriiformes
Famille : Scolopacidae

Tringa flavipes
Lesser Yellowlegs
Petit Chevalier à pattes jaunes

Oiseau de rivage de la taille du merle, aux longues pattes jaunes. Bec foncé et droit. Manteau grisâtre. Cri perçant se composant le plus souvent de deux notes flûtées identiques, courtes et rapprochées.

Taille : 25 cm (23-28 cm)
Poids : 80 g

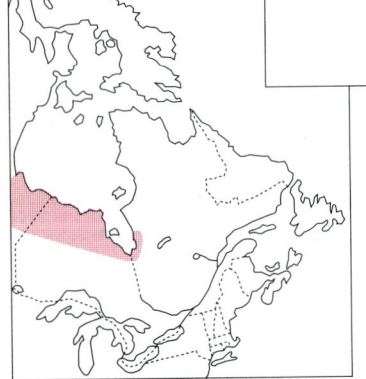

RÉPARTITION : Niche au Canada de la Colombie-Britannique au Québec. Niche aussi en Alaska. Hiverne de la Caroline du Sud à l'Amérique du Sud.

Au Québec, niche en petit nombre dans la partie sud de la baie James. S'observe partout plus au sud lors des migrations, surtout en mai et de la mi-juillet à la fin octobre. En été, des oiseaux non reproducteurs errent au sud des aires de nidification.

DESCRIPTION : Les adultes des deux sexes sont semblables. Le plumage du manteau est grisâtre, le bec noir est droit et les longues pattes sont jaunes. Au printemps, les adultes ont des rayures très visibles sur la tête, le cou et la poitrine. Le manteau est parsemé d'éclaboussures noires et blanches. À l'automne, le plumage est plus terne, sans marques ou rayures visibles. Les juvéniles se distinguent par leur manteau brunâtre éclaboussé de chamois.

En vol, les pattes jaunes dépassent la queue et le croupion blanc.

Le cri perçant est le plus souvent composé de deux notes flûtées identiques («piou, piou»), courtes et rapprochées.

ESPÈCES SEMBLABLES : Le Grand Chevalier, plus grand, qui lui ressemble beaucoup. Le bec est une fois et demie plus long que la tête mesurée de la base du bec à la nuque (le bec du Petit Chevalier

est à peine plus long que sa tête). Ses notes sont plus sonores et retentissantes que celles du Petit Chevalier. Plus farouche, il se tient souvent en bandes moins nombreuses et moins bruyantes que son petit cousin.

Le Chevalier solitaire, au croupion foncé et aux pattes verdâtres plus courtes.

HABITAT: Niche dans le muskeg, comme le Grand Chevalier, mais dans des aires plus sèches. En migration, fréquente les mêmes habitats que le Grand Chevalier, soit principalement les berges du Saint-Laurent, des marais et des rivières d'eau douce ou salée. Cette fréquentation commune facilite d'autant l'identification des deux espèces, l'écart entre leurs tailles étant alors manifeste.

NIDIFICATION: Le nid consiste en une dépression peu profonde dans le sol, tapissée de feuilles et d'herbes.

Le mâle et la femelle couvent à tour de rôle les oeufs, au nombre de quatre, pendant une période dont on ignore la durée.

ALIMENTATION: Se nourrit d'insectes terrestres et aquatiques de même que de vers, d'araignées et de petits poissons. Attrape souvent ses proies à la surface de l'eau, en marchant lentement dans l'eau jusqu'à la poitrine, à la façon du Grand Héron.

Chevalier solitaire

Ordre : Charadriiformes
Famille : Scolopacidae

Tringa solitaria
Solitary Sandpiper
Alouette solitaire

Oiseau de rivage de la taille du merle. Dessus brun foncé finement tacheté de blanc. Poitrine rayée tranchant avec le ventre blanc. Cercle blanc autour de l'oeil.

Taille : 22 cm (19-23 cm)
Poids : 35 g

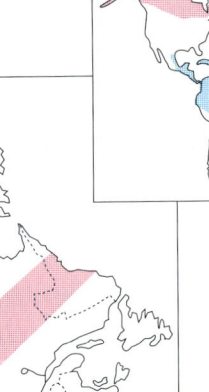

RÉPARTITION : Niche dans la forêt boréale du Canada et en Alaska. Hiverne depuis le sud des États-Unis jusqu'en Argentine.

Au Québec, niche au nord du Saint-Laurent et s'observe dans toutes les régions en période de migration, surtout en mai, puis de la mi-juillet à la fin septembre.

 DESCRIPTION : Le plumage des adultes des deux sexes est semblable. Le bec est droit et très foncé. Les pattes sont vert foncé. L'oeil est entouré d'un cercle blanc. Les côtés de la queue brune rayée de noir sont blancs. Au printemps, la tête, le cou et la poitrine sont pâles et rayés de brun, et le ventre est blanc. Le manteau est brun foncé, tacheté de blanc. À l'automne, le plumage devient plus grisâtre. Le plumage des juvéniles est semblable à celui des adultes, à cette différence près que la tête et la nuque sont plus foncés, et les rayures du devant moins visibles.

En vol, notez le croupion brun foncé. Cet oiseau de rivage dont le vol rappelle celui de l'hirondelle a l'habitude de garder les ailes relevées quelques instants après s'être posé. Assez haut sur pattes, il incline fréquemment le corps au repos. On l'observe le plus souvent seul ou en très petits groupes (moins de cinq).

ESPÈCES SEMBLABLES : Le Petit Chevalier, dont il se distingue par son croupion et ses pattes, plus foncés.

Le Chevalier branlequeue, plus petit, dont le manteau et les pattes sont plus pâles et qui présente une bande alaire blanche.

HABITAT: En période de reproduction, fréquente le muskeg et les bords des milieux humides dans les trouées de la forêt boréale.

En migration, s'observe en terrain découvert sur les rives des lacs, des rivières et du fleuve Saint-Laurent de même que sur les rivages des eaux saumâtres.

NIDIFICATION: Niche dans un arbre, le plus souvent près de l'eau dans un coin de forêt dégagé. Il dépose ses oeufs, habituellement au nombre de quatre, dans l'ancien nid d'un merle, d'un geai, d'un quiscale ou d'un autre oiseau de cette taille. On ne sait rien du rôle des parents en période de reproduction, si ce n'est que seule la femelle montre une plaque incubatrice (région de l'abdomen dégarnie de plumes, permettant le transfert de la chaleur du corps aux oeufs).

ALIMENTATION: Se nourrit surtout d'invertébrés capturés sur le rivage ou dans l'eau peu profonde.

NOTE:
- Mis à part le Chevalier branlequeue, c'est l'oiseau de rivage le plus susceptible d'être observé l'été dans les régions forestières du sud du Québec.

CHEVALIER BRANLEQUEUE

Ordre: Charadriiformes
Famille: Scolopacidae

Actitis macularia
Spotted Sandpiper
<u>Maubèche branle-queue</u>, branle-cul, branle-queue, lève-cul, tape-cul, alouette branle-queue
(Chevalier grivelé)

Oiseau de rivage plus petit que le merle. Manteau brunâtre. Dessous blanc fortement tacheté de noir au printemps. Au sol, bascule continuellement le corps.

Taille: 19 cm (17,7-20,5 cm)
Poids: 30 g

RÉPARTITION: Niche un peu partout au Canada et dans la majorité des États américains. Hiverne au sud des États-Unis, surtout en Amérique centrale et en Amérique du Sud.

Fréquente partout au Québec, sauf dans l'extrême nord-ouest, cette espèce s'observe surtout du début mai à la fin septembre.

DESCRIPTION: Les adultes des deux sexes sont semblables. Leur manteau est brunâtre. Au printemps, la poitrine et le ventre blancs sont fortement tachetés de noir. À la même époque, le bec est orangé à la base et son bout est noir. À l'automne, les adultes et les juvéniles sont semblables. Le dessous est alors blanc, avec une encoche brune sur le côté de la poitrine, et le bec est brun foncé.

Le Chevalier branlequeue vole habituellement sur de courtes distances d'un battement d'ailes court et rapide, suivi d'une glissade les ailes arquées (une bande blanche est visible sur l'aile quelle que soit la saison). Il peut nager et même plonger pour échapper à un prédateur. Au sol, il bascule continuellement le corps.

Son cri est un «pitt-ouitt» fort et aigu, avec l'accent sur la première syllabe; en vol, il devient un «uitt-uitt-uitt-uitt».

ESPÈCE SEMBLABLE : Le Chevalier solitaire, qui a les pattes foncées et le manteau tacheté de blanc.

HABITAT : Affectionne les berges des lacs et des rivières ainsi que les bords dégagés des marais situés aussi bien en terrain découvert qu'en forêt. Fréquente également les eaux salées.

Cette espèce occupe rapidement les nouveaux habitats : plages, îlots de dragage, remblais.

NIDIFICATION : Le nid consiste en une légère dépression tapissée de brindilles, située au sec, près de l'eau.

C'est surtout le mâle qui assure la couvaison des oeufs, habituellement au nombre de quatre, pendant environ 21 jours, et qui veille ensuite sur les jeunes. Ceux-ci volent vers l'âge de trois semaines.

À l'approche d'un prédateur, le Chevalier branlequeue tente d'attirer celui-ci loin des oisillons en feignant d'être blessé. Il court dans tous les sens, son plumage tout ébouriffé, les ailes frémissantes et la queue traînant parfois par terre.

Il arrive que des souris percent les oeufs, mais sans les manger. Ces oeufs sont rejetés hors du nid par l'oiseau qui couve.

Chez cette espèce, les rôles sont inversés, la femelle étant plus grande que le mâle qui construit le nid, couve les oeufs et prend soin des petits. Les femelles arrivent les premières sur les terrains de reproduction et y défendent un territoire. Après s'être accouplées et avoir pondu, elles peuvent s'accoupler avec un autre mâle et protéger plusieurs mâles couvant autant de couvées différentes. Elles ne participent à la couvaison que si l'un des mâles est tué. Appelé polyandrie, cet état est l'inverse de la polygamie où le mâle se reproduit avec plusieurs femelles. Il permet la couvaison de pontes plus nombreuses pendant la courte saison de reproduction.

ALIMENTATION : Se nourrit surtout de vers, d'escargots, d'insectes, de petits crustacés et même d'alevins. Chasse sur la terre ferme ou en eau peu profonde.

NOTE :
- Chez les femelles de cette espèce, la longévité maximale connue serait de 8 ans. (En moyenne, la longévité est de 3,5 ans.)

TOURNEPIERRE À COLLIER

Ordre: Charadriiformes
Famille: Scolopacidae

Arenaria interpres
Ruddy Turnstone
Tournepierre roux

Oiseau de rivage trapu de la taille du merle. Bec court, noir et légèrement retroussé. Montre une bavette noire sur la poitrine. Pattes orangées.

Taille: 24 cm (20,5-25 cm)
Poids: 100 g

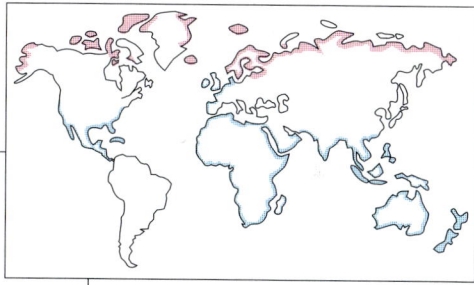

RÉPARTITION: Niche dans l'Arctique et un peu plus au sud. Hiverne depuis le sud des États-Unis jusqu'en Amérique centrale. Les oiseaux qui se reproduisent au Groenland et dans le nord-est du Canada traversent l'Atlantique pour passer l'hiver en Europe et en Afrique.

Ne niche pas au Québec. On l'observe surtout en août et en septembre, plus rarement vers la fin mai, et principalement en bordure du Saint-Laurent.

DESCRIPTION: Les deux sexes sont identiques. La poitrine montre une bavette noire en forme de collier, le ventre est blanc et les pattes plutôt courtes sont rouge orangé. Le bec court est noir et légèrement retroussé. Au printemps, l'adulte montre un dos noir marqué de roux; la tête et la face sont alors blanches, sauf pour de fines rayures sur la tête et une ligne noire sous l'oeil. À l'automne, la tête et la face sont brunâtres, et il n'y a plus de roux au dos. Les juvéniles sont semblables aux adultes en plumage d'automne.

En vol, on peut voir les motifs du dos et de la queue où alternent le blanc et le noir.

HABITAT: En période de migration, fréquente surtout les rives graveleuses du Saint-Laurent et des grandes rivières. Niche dans la toundra, dans des habitats secs ou humides, arbustifs ou dénudés.

NIDIFICATION : Le nid consiste en une dépression au sol tapissée de mousses, d'herbes ou de feuilles.

Les deux parents couvent alternativement les oeufs, au nombre de quatre, pendant 22 à 24 jours. Les jeunes peuvent voler environ 20 jours après leur naissance.

ALIMENTATION : Se nourrit d'insectes, de mollusques et de crustacés qu'il trouve sur les rivages en tournant pierres, coquillages, algues et même déchets avec son bec, d'où son nom. Sur les aires de reproduction, mange parfois les oeufs d'autres oiseaux comme les sternes.

NOTE :
- On croit que cet oiseau pourrait vivre jusqu'à neuf ans.

Gaetan Duquette

BÉCASSEAU À POITRINE CENDRÉE

Ordre: Charadriiformes
Famille: Scolopacidae

Calidris melanotos
Pectoral Sandpiper
(Bécasseau tacheté)

Oiseau de rivage de la taille du merle, à la poitrine et aux côtés du cou rayés tranchant nettement avec le ventre blanc. Manteau brun gris.

Taille: 22 cm (20-24 cm)
Poids: 85 g

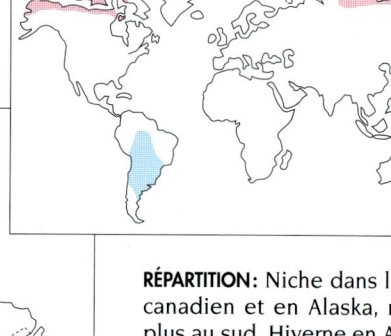

RÉPARTITION: Niche dans l'Arctique canadien et en Alaska, rarement plus au sud. Hiverne en Amérique du Sud.

Ne niche pas au Québec. On l'observe principalement en bordure du Saint-Laurent, entre la fin juillet et la mi-octobre et plus rarement vers la fin avril.

 DESCRIPTION: Le plumage des adultes des deux sexes est semblable, mais le mâle est plus grand que la femelle. Les pattes sont vert jaunâtre, le bec est légèrement tombant et les rayures sur la poitrine et les côtés du cou tranchent avec le ventre blanc. À l'automne, les adultes ont un manteau brun gris dont les plumes sont plus foncées au centre. Au printemps, leur plumage ressemble à celui de l'automne, sauf que les plumes du manteau sont bordées de chamois. Quant aux juvéniles, leur plumage d'automne montre du roux à la tête et sur le manteau, ainsi que des bordures blanches formant des V sur les plumes du dos.

En vol, notez la région noire du bas du dos qui se prolonge en une ligne noire jusqu'à la queue.

 HABITAT: Fréquente les abords herbeux des rives et des rivages.

 NIDIFICATION: Le nid bien dissimulé se compose de feuilles et d'herbes et est tapissé de débris végétaux secs.

La femelle pond quatre oeufs qu'elle couve environ 22 jours. Les jeunes peuvent voler trois semaines après l'éclosion.

La plupart des mâles amorcent leur migration vers le sud avant que les oeufs ne soient éclos. Les femelles migrent aussi avant les jeunes.

ALIMENTATION: Se nourrit surtout d'insectes terrestres et d'autres invertébrés qu'il attrape en picorant et en se déplaçant rapidement sur les parties sèches des rivages.

BÉCASSINE DES MARAIS

Ordre : Charadriiformes
Famille : Scolopacidae

Gallinago gallinago
Common Snipe
Bécassine ordinaire, bécasse

Oiseau de rivage de la taille du merle, au long bec droit. Plumage brun rayé de roux sur la queue. Vol rapide et zigzagant.

Taille : 27 cm (26-30 cm)
Poids : 140 g

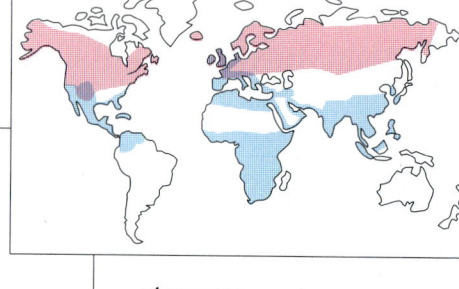

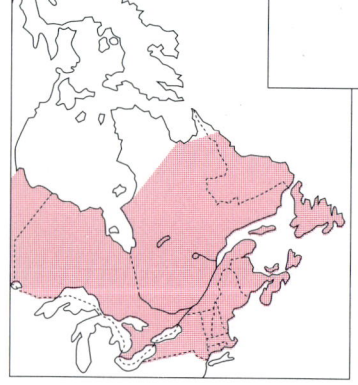

RÉPARTITION : Niche partout au Canada, dans le nord des États-Unis et en Alaska. Hiverne rarement dans le sud du Canada, plus fréquemment depuis les États-Unis jusqu'au Brésil. Cette espèce a une répartition holarctique.

Au Québec, niche partout sauf dans l'extrême nord. S'observe surtout entre le début avril et la fin octobre.

 DESCRIPTION : Les adultes des deux sexes sont identiques. Le plumage est brunâtre avec des rayures plus foncées sur la poitrine et les flancs. Il y a une rayure pâle à l'oeil et sur le milieu de la tête. Le bec est long et mince.

En vol, notez les ailes pointues et le roux dans la queue. La Bécassine des marais a un vol rapide et zigzagant.

 ESPÈCE SEMBLABLE : La Bécasse d'Amérique (*Scolopax minor*), plus trapue, sans rayures à la poitrine roussâtre, aux ailes arrondies et qui fréquente surtout les boisés feuillus en régénération.

 HABITAT : Fréquente différents milieux humides d'eau douce bordés de végétation émergente, depuis les terres agricoles jusqu'à la toundra arctique. Plus rare aux abords de l'eau salée.

 NIDIFICATION : Niche à même le sol, en bordure ou à l'intérieur de la zone humide, dans une touffe d'herbes ou sous un arbuste. Le nid se compose de débris végétaux et de mousses.

La femelle y couve ses oeufs, au nombre de quatre, de 18 à 20 jours. Moins de 48 heures après l'éclosion, les jeunes quittent

Daniel Jauvin

le nid sous la garde des deux parents. Ils peuvent voler au bout d'une vingtaine de jours.

ALIMENTATION : Se nourrit de vers, de larves, d'insectes et de petits crustacés qu'elle trouve en fouillant la boue de son long bec, avec des mouvements rapides qui rappellent ceux d'une aiguille de machine à coudre.

NOTES :

• Cet oiseau pourtant abondant est difficile à observer à cause de son camouflage. Parfois perché bien en vue sur un piquet de clôture, il vous fera probablement sursauter en s'envolant tout près de vous et en poussant un petit cri nasillard.

C'est au printemps, à l'époque où le mâle et parfois la femelle paradent haut dans le ciel, que l'espèce se fait davantage remarquer. Son vol erratique et ses piqués sont alors accompagnés d'un son caractéristique, « vooo, vooo, vooo », donné en crescendo puis en decrescendo, produit par l'air qui passe entre les rectrices déployées. Ce son qui remplit les mêmes fonctions que le chant des passereaux sert à délimiter le territoire de la Bécassine des marais et à signaler aux femelles la présence d'un mâle. La plupart du temps, ces vols cessent après l'éclosion des oeufs.

• La longévité maximale connue chez cette espèce serait de six ans.

PHALAROPE DE WILSON

Ordre: Charadriiformes
Famille: Scolopacidae

Phalaropus tricolor
Wilson's Phalarope

Oiseau de rivage élancé, de la taille du merle. Long bec noir très effilé. Manteau grisâtre. Dessus des ailes foncé, sans barres. Nage en virevoltant.

Taille: 24 cm (21-25,5 cm)
Poids: 60 g

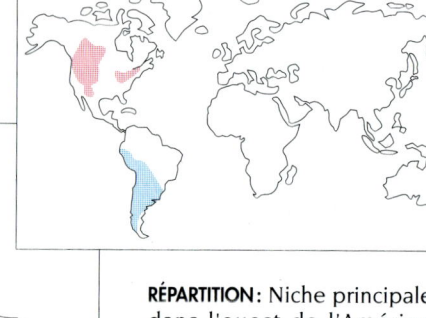

RÉPARTITION: Niche principalement dans l'ouest de l'Amérique du Nord, tant au Canada qu'aux États-Unis. Hiverne principalement en Argentine.

Au Québec, niche par endroits dans le sud-ouest et s'observe surtout entre mai et octobre.

DESCRIPTION: L'espèce présente un fort dimorphisme sexuel, la femelle étant plus grande et plus colorée que le mâle au printemps. Le dessous de la femelle, gorge comprise, est blanc, et son manteau est grisâtre avec des traces de marron. Une ligne noire traverse l'oeil et descend le long du cou. Du marron apparaît à la nuque, au cou et sur les côtés. Les pattes sont noires et la queue est grise avec la partie supérieure blanche. Le plumage du mâle a la même coloration, en moins vif. À l'automne, le manteau des deux sexes devient gris tacheté, la face et le dessous sont blancs, et les pattes, jaune paille. Les juvéniles ne tardent pas à montrer un plumage semblable au plumage d'automne des adultes. Le long bec noir du Phalarope de Wilson est très effilé et le dessus de ses ailes est foncé, sans barres. Ses doigts sont semi-palmés.

Le Phalarope de Wilson flotte haut sur l'eau et nage en virevoltant.

ESPÈCE SEMBLABLE: Le Phalarope hyperboréen (*Phalaropus lobatus*), qui s'en distingue par une bande alaire blanche et plus de gris à la tête. Il niche dans le nord du Québec à partir de la hauteur de la

Francis Bélanger

baie James, et s'observe rarement dans nos régions parce qu'il migre surtout vers la mer.

HABITAT: En période de reproduction, fréquente les marais d'eau douce, souvent de petite superficie. En migration, s'observe sur de grands plans d'eau douce ou salée, où sa petite taille et ses mouvements vifs se reconnaissent de loin.

NIDIFICATION: Le nid est situé à proximité de l'eau, à même le sol parmi la végétation herbacée. Il consiste en une dépression tapissée de débris végétaux secs.

Le mâle couve seul les oeufs, habituellement quatre, pendant 20 jours. C'est également lui qui s'occupe de l'élevage des oisillons, la femelle, plus grande et plus colorée, assurant la défense du territoire.

ALIMENTATION: Se nourrit de larves d'insectes, de vers et de crevettes d'eau douce attrapés à la surface de l'eau ou en marchant sur les rives.

NOTE:
• Le Phalarope de Wilson a été nommé ainsi en l'honneur d'Alexander Wilson (1766-1813), un des pionniers de l'ornithologie aux États-Unis.

GUIFETTE NOIRE

Ordre : Charadriiformes
Famille : Laridae

Chlidonias niger
Black Tern
Sterne noire

Oiseau plus grand que le merle, au manteau grisâtre. Ailes longues et queue légèrement fourchue. Vol saccadé.

Taille : 25 cm (23-26,5 cm)
Poids : 60 g

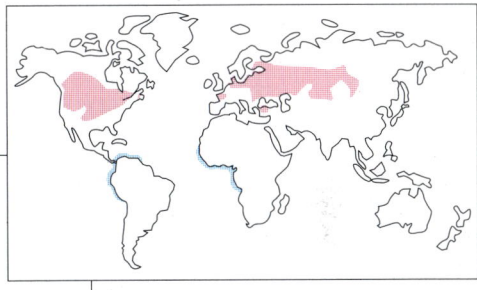

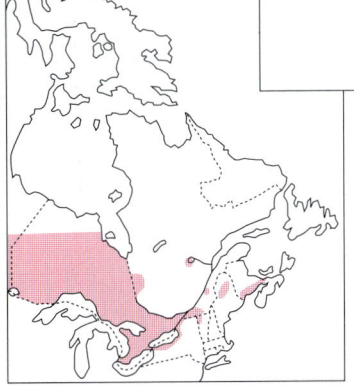

RÉPARTITION : Niche un peu partout en Amérique du Nord, mais plus abondante dans les Prairies. Hiverne en Amérique du Sud jusqu'au Pérou.

Au Québec, niche surtout jusqu'à la hauteur du lac Saint-Jean (48e parallèle), et s'observe entre le début mai et le début septembre.

DESCRIPTION : Les adultes des deux sexes sont semblables. Au printemps, la tête, le bec et le dessous sont noirs. Le dos, les ailes pointues et la queue légèrement fourchue sont gris. Les tectrices sous-caudales sont blanches. À l'automne, les juvéniles et les adultes sont beaucoup plus pâles, avec le dessous blanc. Le noir se limite alors au bec, à la calotte, à une tache à l'oreille et à une autre à l'avant de l'aile.

La Guifette noire vole fréquemment sur place en pointant le bec vers l'eau. Ses battements d'ailes sont saccadés.

HABITAT : S'observe principalement dans les marais dont la surface est à moitié couverte de plantes émergentes.

NIDIFICATION : Niche en colonies comptant parfois plusieurs dizaines de couples. Le nid, souvent visible, consiste en une petite structure flottante de plantes aquatiques.

Les oeufs, habituellement au nombre de trois, sont couvés par les deux parents 21 ou 22 jours. Nourris par les parents les premières semaines, les jeunes peuvent voler dans la troisième ou la quatrième semaine suivant l'éclosion.

ALIMENTATION: Se nourrit surtout de gros insectes, mais aussi d'écrevisses, de mollusques et de petits poissons. Elle attrape ses proies le plus souvent au vol où à la surface de l'eau, contrairement aux autres sternes qui plongent pour s'alimenter.

 NOTES:
- C'est la plus petite de nos sternes, et celle que l'on rencontre le plus souvent dans les milieux humides. Elle se distingue des autres par sa façon de se nourrir et par sa préférence pour l'eau douce.
- Si vous dérangez une colonie de guifettes ou d'autres sternes en période de nidification, attendez-vous à une riposte vigoureuse. Sans vous toucher mais en vous frôlant de près, celles-ci vous accompagneront de leurs cris jusqu'à la limite de leur territoire. Des intrusions répétées peuvent les amener à déserter les lieux de nidification.
- La population de la Guifette noire serait en baisse dans plusieurs régions du continent. On ne dispose cependant pas de chiffres précis pour l'Est.
- On croit que cet oiseau pourrait vivre jusqu'à 17 ans.

HIRONDELLE NOIRE

Ordre : Passeriformes
Famille : Hirundinidae

Progne subis
Purple Martin
Hirondelle pourprée

Hirondelle de la taille du merle. Plumage foncé et queue légèrement fourchue. Niche presque exclusivement dans les nichoirs.

Taille: 20 cm (18,5-21,5 cm)
Poids: 56 g

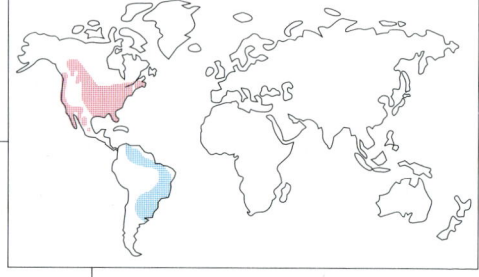

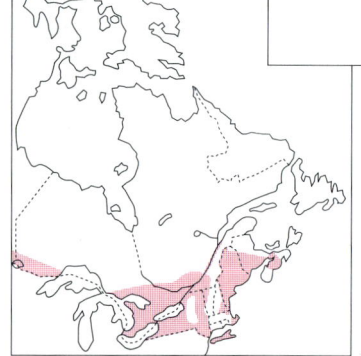

RÉPARTITION : Niche au Canada et plus au sud jusqu'au Mexique, mais absente du centre-ouest des États-Unis. Hiverne en Amérique du Sud.

Au Québec, sa population vit en majorité le long du fleuve Saint-Laurent. S'observe surtout de la mi-avril à la mi-septembre.

DESCRIPTION : Le mâle adulte paraît tout noir, avec des reflets bleus sur le dos et le dessous. Chez la femelle adulte et les juvéniles, le dessus est bleu foncé et gris, et le dessous, brunâtre lavé de gris. Le gris s'étend souvent à la nuque. La queue est légèrement fourchue. Les jeunes mâles âgés d'un an n'ont pas encore leur plumage adulte mais peuvent se reproduire.

HABITAT : S'observe le plus souvent aux abords ou au-dessus des grands lacs et rivières. Fréquente aussi les champs et autres endroits découverts. Tolère bien la présence humaine.

NIDIFICATION : Niche en colonies, surtout dans des nichoirs. Niche aussi parfois dans une falaise, une crevasse d'un bâtiment, un arbre creux. Le nid est constitué de boue, de débris végétaux et de plumes auxquels s'ajoutent souvent des feuilles vertes.

La femelle pond habituellement quatre ou cinq oeufs qu'elle couve de 15 à 18 jours. Les jeunes peuvent voler vers la quatrième semaine.

ALIMENTATION : Se nourrit surtout d'insectes qu'elle capture au vol, souvent en frôlant l'eau. Peut capturer des insectes ou des araignées

Musée canadien de la nature

André Cyr

en marchant. Aime les coquilles d'oeuf brisées, sûrement pour le calcium que celles-ci contiennent.

NOTES:
• Voilà une espèce qui profite bien des terrains dégagés et des nichoirs installés à son intention. Elle nous facilite la vie en détruisant quantité d'insectes nuisibles.
• Les nichoirs devraient de préférence être installés sur un poteau planté en terrain dégagé. Cette hirondelle fréquente le type de nichoir à plusieurs logis.
• Chez cette espèce d'hirondelle comme chez d'autres, le mauvais temps pendant une période prolongée au printemps peut entraîner la mort des jeunes et des adultes privés de nourriture.
• La longévité maximale connue chez l'Hirondelle noire serait de huit ans.

CAROUGE À ÉPAULETTES

Ordre: Passeriformes
Famille: Emberizidae

Agelaius phoeniceus
Red-winged Blackbird
Commandeur, caporal, étourneau à épaulettes rouges

Passereau de la taille du merle. Mâle presque complètement noir avec des épaulettes rouges bordées de jaune. Chez la femelle, dos brunâtre et dessous fortement rayé.

Taille: 22 cm (19-25,5 cm)
Poids: 50 g

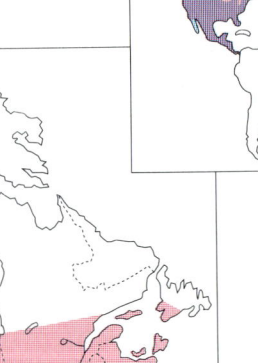

RÉPARTITION: Niche partout au Canada depuis la forêt boréale jusque dans le sud, ainsi qu'aux États-Unis et dans certaines îles des Antilles. Hiverne dans le sud de son aire de nidification.

Au Québec, niche jusqu'à la hauteur de la baie James (52e parallèle), et s'observe surtout du début mars à la fin novembre. Hiverne en très petit nombre dans nos régions.

DESCRIPTION: L'espèce présente un dimorphisme sexuel évident. Le mâle adulte est noir et montre des épaulettes (tectrices des ailes) rouges bordées de jaune, tandis que la femelle adulte a le dos brunâtre, le dessous chamois avec des rayures nettement plus foncées et une ligne pâle au-dessus de l'oeil, qui est noir. Les juvéniles ressemblent aux femelles. À leur premier printemps, les mâles ont un plumage brunâtre avec des épaulettes rouges.

Le chant pourrait se traduire par «quand qui riii», les dernières syllabes étant plus aiguës.

ESPÈCE SEMBLABLE: Le Quiscale rouilleux au printemps, sans taches alaires, à l'oeil jaune et au cri plus grinçant.

HABITAT: En période de reproduction, fréquente les endroits humides en terrain découvert, bordés ou non d'arbustes. S'alimente fréquemment dans les champs cultivés. S'observe souvent loin de tout point d'eau.

NIDIFICATION : Le nid consiste en une coupe assez profonde de feuilles tissées autour de tiges de plantes, tapissée de fins débris végétaux. La plupart du temps, il est installé parmi la végétation herbacée, à une hauteur de 1 à 3 mètres, parfois dans un arbuste et rarement dans un arbre.

La femelle pond quatre oeufs qu'elle couve de 10 à 12 jours. Les parents donnent la becquée aux jeunes pendant une dizaine de jours. Ceux-ci peuvent voler deux semaines après l'éclosion. Souvent polygame, le mâle défend son territoire avec agressivité.

ALIMENTATION : En période de reproduction, se nourrit d'une quantité d'insectes nuisibles. Le reste de l'année, son régime est végétarien. Ses incursions dans les champs de céréales ou de maïs peuvent causer d'importants dommages aux récoltes.

NOTES :

• Au printemps, ce sont d'abord les mâles adultes qui arrivent par bandes dans nos régions, suivis des femelles et des juvéniles quelques semaines plus tard. Dès leur arrivée, les mâles commencent à défendre leur territoire en émettant leur chant et en poursuivant les autres mâles.

• Les épaulettes du mâle agissent comme des signaux pour les autres mâles. Ainsi, le mâle qui défend son territoire mettra ses épaulettes bien en vue, tandis que celui qui pénètre dans un territoire qui n'est pas le sien dissimulera les siennes au point où celles-ci seront à peine visibles.

• D'autres espèces nichant à proximité, tels les canards, profitent parfois de l'énergie avec laquelle le mâle défend son territoire, celui-ci éloignant d'éventuels prédateurs, une corneille ou un goéland, par exemple.

• En migration, les Carouges à épaulettes ont l'habitude de se rassembler par bandes pour passer la nuit dans un «dortoir». C'est surtout dans des marais aux plantes émergentes qu'ils se rassemblent à la tombée du jour, souvent en compagnie d'autres espèces tels le Vacher à tête brune (*Molothrus ater*), le Quiscale bronzé (*Quiscalus quiscula*) et l'Étourneau sansonnet (*Sturnus vulgaris*). En 1982, au seul dortoir de Beauharnois, on a estimé à un demi-million le nombre total des oiseaux qui passaient la nuit dans les marais.

• L'expansion des cultures de céréales, surtout de maïs, a fait considérablement augmenter la population de cette espèce depuis une trentaine d'années. Avec une population de quelque 15 millions, le Carouge à épaulettes compte parmi les espèces les plus nombreuses en Amérique du Nord.

Déjà en 1853, au Vermont, on signalait des cas de dommages aux récoltes dus au Carouge. De nos jours, les dommages sont jugés suffisamment graves pour que divers moyens aient été employés dans le but de remédier à la situation (arrosage au détergent par temps froid des oiseaux rassemblés la nuit, stérilisation des mâles, production de variétés de maïs plus résistantes).

• La longévité maximale connue chez cette espèce serait de 14 ans.

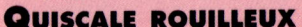

QUISCALE ROUILLEUX

Ordre : Passeriformes
Famille : Emberizidae

Euphagus carolinus
Rusty Blackbird
Mainate rouilleux

Passereau de la taille du merle. Plumage foncé, lavé de rouille à l'automne. Yeux jaunes, bec droit et foncé. Queue foncée assez longue.

Taille : 23 cm (21,5-24,8 cm)
Poids : 60 g

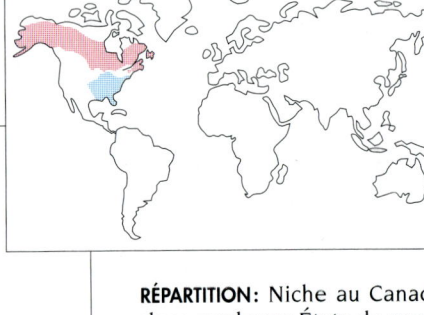

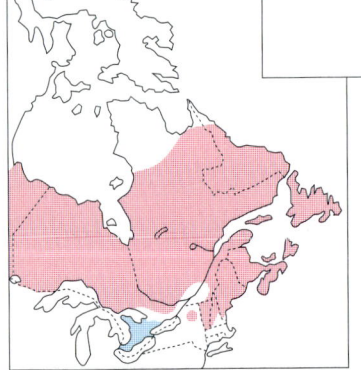

RÉPARTITION : Niche au Canada et dans quelques États du nord-est des États-Unis, de même qu'en Alaska. Hiverne dans le sud du Canada, quoique rarement, et jusqu'au sud des États-Unis.

Au Québec, niche surtout de la hauteur de Québec à celle de la baie d'Ungava. S'observe plus au sud surtout de la fin mars au début novembre.

 DESCRIPTION : Au printemps, le mâle adulte a un plumage noir avec des reflets peu évidents, violacés à la tête et bleutés sur le corps. À la même époque, la femelle porte un plumage ardoisé sans marques. À l'automne, les adultes et les juvéniles montrent un plumage brun noir lavé de rouille, avec du chamois à la gorge et au-dessus de l'oeil. Le Quiscale rouilleux a les yeux jaunes et le bec droit et foncé. La queue foncée est assez longue.

 ESPÈCES SEMBLABLES : Le Carouge à épaulettes mâle, qui s'en distingue par ses épaulettes rouges, son oeil noir et dont le cri se termine de façon moins grinçante.

Le Quiscale bronzé (*Quiscalus quiscula*), son proche parent, qui s'en distingue par des reflets bleus intenses sur la tête et le cou, et une queue plus longue. Ce Quiscale de plus grande taille (30 cm) s'accommode bien des zones habitées, où le Quiscale rouilleux ne fait que passer. Il s'observe lui aussi à proximité de l'eau.

HABITAT : Fréquente les milieux humides des régions forestières tels les étangs à castors, les tourbières et les bords des lacs. En migration, s'observe aussi loin de tout point d'eau.

NIDIFICATION : Le nid est placé dans un arbre ou un buisson, le plus souvent dans un conifère, à moins de 6 mètres du sol. Il consiste en un amas plutôt volumineux d'herbes, de mousses et de brindilles.

La femelle pond habituellement quatre ou cinq oeufs qu'elle couve seule 14 jours. Le mâle apporte de la nourriture à la femelle qui couve. Les jeunes quittent le nid environ deux semaines après l'éclosion.

ALIMENTATION : Semble se nourrir autant de végétaux (baies et graines) que d'animaux (insectes, escargots et petits poissons). Capture ses proies le plus souvent en pataugeant dans les mares ou sur les berges. Peut aussi s'alimenter dans les champs.

NOTES :
- Le Quiscale rouilleux est un oiseau discret en période de reproduction. En hiver, il s'assemble en bandes avec d'autres espèces d'oiseaux noirs (carouges, quiscales et vachers).
- On croit que cet oiseau pourrait vivre jusqu'à huit ans.

TAILLE 3

Grèbe à bec bigarré
Grèbe cornu

Petit Butor

Sarcelle à ailes vertes
Sarcelle à ailes bleues
Petit Garrot
Canard roux

Poule-d'eau
Foulque d'Amérique

Grand Chevalier

Mouette de Bonaparte
Sterne pierregarin

Martin-pêcheur d'Amérique

OISEAU REPÈRE

PIGEON BISET

GRÈBE À BEC BIGARRÉ

Ordre : Podicipediformes
Famille : Podicipedidae

Podilymbus podiceps
Pied-billed Grebe
Coq d'eau, poule d'eau
(Grèbe à gros bec)

Oiseau plongeur de la taille du pigeon, ressemblant à un petit canard sans queue avec un bec de poule. Plumage brunâtre. S'observe souvent à demi-immergé.

Taille : 34 cm (30,5-38,1 cm)
Poids : 350 g

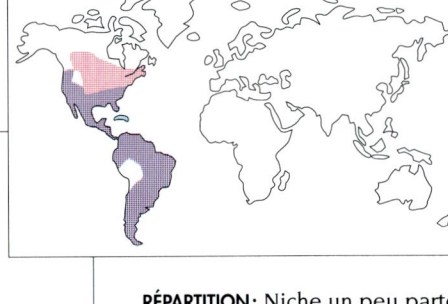

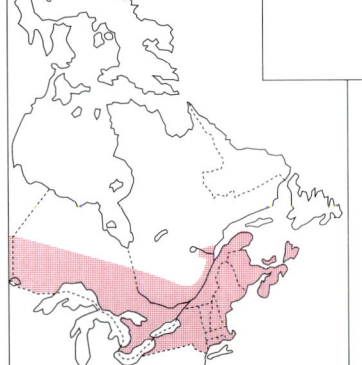

 RÉPARTITION : Niche un peu partout dans les Amériques, du Canada au sud de l'Argentine. Hiverne depuis le sud du Canada (Colombie-Britannique) jusque dans des régions plus au sud.

Au Québec, niche jusqu'à la hauteur de Sept-Îles (50e parallèle) et s'observe surtout de la fin mars à la fin octobre.

DESCRIPTION : Les adultes des deux sexes sont semblables. À la pariade, le plumage du corps est brun gris et la gorge est noire. Le bec de poule est gris barré de noir. La queue est peu apparente et le dessous du croupion est blanc. En hiver, les adultes et les juvéniles ont un plumage brunâtre et un bec pâle sans marques. Les juvéniles ont alors des marques noires à la face.

Ce grèbe s'observe rarement en vol, qui est rapide ; il se tient alors la tête plus bas que le corps, ce qui lui donne une silhouette arquée comme celle des huarts. Ses doigts lobés ne sont pas palmés. Les grèbes doivent courir sur l'eau avant de s'envoler. Le Grèbe à bec bigarré s'observe souvent à demi-immergé.

Son cri profond est un long «cahou», répété souvent avec une fin traînante.

 HABITAT : En période de nidification, fréquente les marais d'eau douce bordés de végétation émergente et dont une partie est assez profonde. En hiver, fréquente les milieux d'eau douce ou salée.

Roger Lalonde

NIDIFICATION: Le nid flottant est soit ancré parmi la végétation, soit construit en eau si peu profonde qu'il émerge parmi les plantes.

Les deux parents couvent les oeufs, de cinq à sept, pendant environ 23 jours. Les oisillons quittent le nid très tôt après l'éclosion et suivent les parents en se tenant sur leur dos, parfois même quand ceux-ci plongent.

ALIMENTATION: Se nourrit surtout de petits poissons (ménés, épinoches), de têtards, d'écrevisses, d'escargots et de grenouilles. Les parties indigestes sont régurgitées sous forme de boulettes. Les jeunes mangent de petits poissons que leur apportent leurs parents et des insectes qu'ils attrapent eux-mêmes. Les parents mangent et donnent à manger aux oisillons des plumes qui facilitent, semble-t-il, la formation des boulettes régurgitées.

NOTES:
- Le Grèbe à bec bigarré arrive très tôt au printemps après la fonte des glaces et demeure souvent caché parmi la végétation pendant la période de reproduction. Son cri permet d'en déceler la présence.
- Tout comme les huarts, il peut s'enfoncer dans l'eau ou encore nager avec le corps complètement immergé en expulsant une partie de l'air emmagasiné dans ses poumons ou emprisonné entre ses plumes.

GRÈBE CORNU

Ordre: Podicipediformes
Famille: Podicipedidae

Podiceps auritus
Horned Grebe
(Grèbe esclavon)

Oiseau plongeur de la taille du pigeon, à l'allure d'un canard. Cou plutôt long, bec court et effilé. Queue peu apparente. À la pariade, porte des touffes de plumes dorées aux oreilles.

Taille: 34 cm (31,5-38,1 cm)
Poids: 450 g

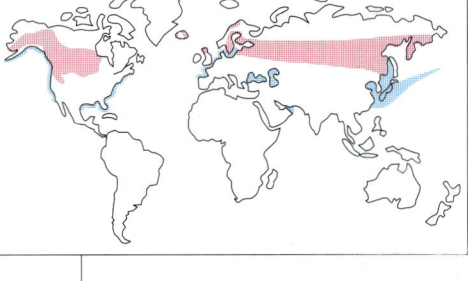

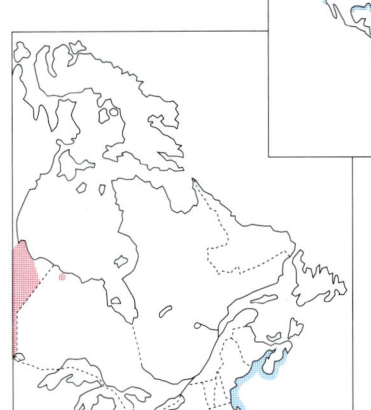

RÉPARTITION: Niche au Canada depuis le Yukon jusqu'au Manitoba, rarement plus à l'est, et en Alaska. Niche aussi dans quelques États du centre-nord des États-Unis. Hiverne le long des côtes américaines et plus rarement à l'intérieur.

Au Québec, ne niche probablement qu'aux îles de la Madeleine. S'observe peu fréquemment partout ailleurs au moment des migrations, surtout de la mi-avril à la mi-mai et pendant les mois de septembre et d'octobre.

 DESCRIPTION: Les adultes des deux sexes sont identiques. À la pariade, ils sont brillamment colorés; le dos, la tête et la gorge sont noirs, et le cou plutôt long est marron, tout comme les flancs. Des touffes de plumes dorées apparaissent aux oreilles. En hiver, le blanc de la gorge et du dessous tranche nettement avec le noir de la calotte et du dos. Le bec foncé est court et effilé. Les yeux sont rouges. Le plumage des juvéniles est semblable à celui des adultes à l'hiver, mais sans coupure nette entre le blanc et le noir à la tête.

En vol, notez la tache blanche sur l'aile, la silhouette voûtée rappelant celle des huarts, et les pattes qui dépassent la queue peu apparente. Ses doigts sont lobés comme ceux des autres grèbes, et il doit courir sur l'eau pour s'envoler.

ESPÈCE SEMBLABLE: Le Grèbe jougris, plus grand, qui n'a pas de touffes de plumes dorées à la tête au printemps ni de calotte noire tranchant vivement avec le blanc de la face en hiver.

HABITAT: Pendant la période de nidification, fréquente les lacs et milieux humides tranquilles bordés de végétation émergente. S'observe surtout en terrain découvert. En hiver, fréquente principalement les eaux côtières.

NIDIFICATION: Le nid consiste en un amas lâche de plantes qui flotte ou est retenu par la végétation émergente.

Les deux parents couvent les oeufs, habituellement de cinq à sept, pendant 23 ou 24 jours. Les jeunes quittent le nid rapidement et sont nourris par les parents. Ils peuvent voler environ 60 jours après l'éclosion.

ALIMENTATION: Se nourrit d'insectes, de crustacés et de petits poissons attrapés en plongeant à des profondeurs variant le plus souvent de 1 à 7 mètres.

NOTE:
- Le Grèbe cornu figure sur la liste des oiseaux vulnérables au Québec; sa population nicheuse y compterait moins de dix couples reproducteurs, soit sensiblement le même nombre qu'en Ontario.

Petit Butor

Ordre: Ciconiiformes
Famille: Ardeidae

Ixobrychus exilis
Least Bittern
(Petit Blongios)

Petit héron très discret de la taille du pigeon, au plumage brunâtre. Zone chamois sur l'aile, près du corps.

Taille: 33 cm (28-35,5 cm)
Poids: 70 g

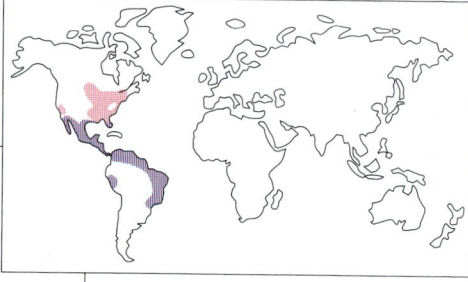

RÉPARTITION: Niche par endroits dans le sud de certaines provinces canadiennes, depuis le Manitoba jusque dans l'Est. Niche aussi aux États-Unis, surtout à l'est du Mississippi, et jusqu'en Amérique du Sud. Hiverne depuis le sud des États-Unis jusqu'en Amérique du Sud.

Au Québec, population nicheuse faible et discrète dans le sud entre la mi-mai et la fin septembre.

DESCRIPTION: L'espèce se distingue des autres hérons par son dimorphisme sexuel. Le mâle adulte a la calotte et le dos noirs, ces régions étant brunes chez la femelle. Le reste du plumage est brunâtre sauf la gorge et le ventre qui sont blanchâtres chez les deux sexes. Semblables à la femelle adulte, les juvéniles ont un plumage plus pâle et la poitrine plus rayée.

En vol, notez les battements d'ailes saccadés et le chamois sur le dessus des ailes, près du corps. Sa petite taille, son allure de héron et le chamois sur ses ailes facilitent son identification.

HABITAT: Fréquente les marais d'eau douce ou saumâtre recouverts en bonne partie de plantes émergentes comme la quenouille, le scirpe et le roseau.

NIDIFICATION: Habituellement installé au-dessus de l'eau, le nid consiste en une plate-forme de végétation accrochée aux tiges des plantes émergentes.

C'est surtout la femelle qui couve les oeufs, au nombre de quatre ou cinq, pendant 19 ou 20 jours. La couvaison débute après la

ponte du deuxième oeuf. Les parents nourrissent les oisillons au nid en leur régurgitant de la nourriture. Les jeunes quittent le nid environ deux semaines après l'éclosion.

ALIMENTATION: Se nourrit de petits poissons et de proies diverses (écrevisses, grenouilles, salamandres, escargots, gros insectes). Contrairement aux autres membres de sa famille, il capture rarement ses proies en chassant à l'affût, préférant les attraper en marchant sur des branches ou des plantes au-dessus de l'eau.

NOTES:
- On peut difficilement trouver oiseau plus discret que ce minuscule héron. Le Petit Butor demeure en effet le plus souvent caché dans la végétation haute et dense, ne volant qu'à l'occasion d'une touffe de quenouilles à l'autre. Il s'approche cependant de l'observateur qui lui fait entendre un enregistrement de son chant.
- Quand il est surpris, le Petit Butor, tout comme son cousin, le Butor d'Amérique, s'immobilise le cou tendu et le bec pointé vers le ciel en se camouflant parfaitement parmi les tiges des plantes.
- Compte tenu de la faible population nicheuse de l'espèce au Québec, qui compte probablement moins de 40 couples, et de la tendance à la baisse de ses autres populations en Amérique du Nord, le Petit Butor figure depuis 1989 sur la liste des oiseaux vulnérables du Québec établie par le Service canadien de la faune.

SARCELLE À AILES VERTES

Ordre: Anseriformes
Famille: Anatidae

Anas crecca
Green-winged Teal
(Sarcelle d'hiver)

Petit canard barboteur plus grand que le pigeon. Miroir vert, ventre blanc. Bec foncé. Vol zigzagant.

Taille: 36 cm (30,5-40,5 cm)
Poids: 400 g

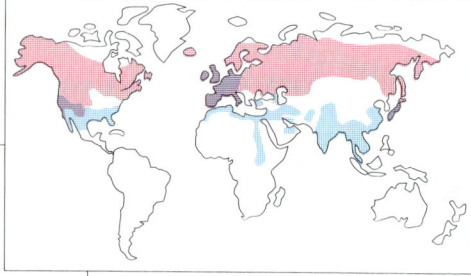

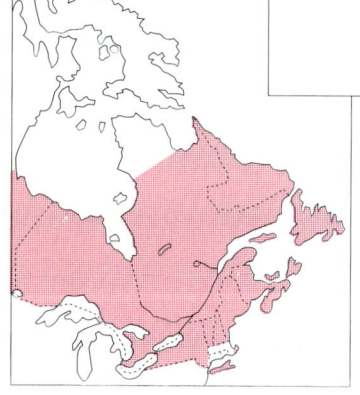

RÉPARTITION: Niche partout au Canada, en Alaska et dans plusieurs États américains. Hiverne principalement aux États-Unis (Louisiane et Californie) et dans les Antilles, plus rarement dans le sud du Canada.

Au Québec, niche presque partout sauf dans l'extrême nord. Cette espèce est particulièrement abondante le long du Saint-Laurent et dans le muskeg, depuis la côte Nord jusqu'à la hauteur de Schefferville. S'observe partout dans le sud de la province, surtout du début avril jusqu'en décembre.

 DESCRIPTION: De la fin de l'automne jusqu'à l'été, le mâle adulte porte un masque vert et sa tête est cannelle. Sa poitrine est brunâtre et tachetée de noir, le reste du corps étant plutôt gris avec une barre verticale blanche devant l'aile repliée. La femelle est brunâtre avec le dessous plus pâle. Au début de l'automne, le mâle et les juvéniles ont un plumage semblable à celui de la femelle adulte. L'espèce a un bec foncé.

Le vol rapide, en formations serrées, est ponctué de brusques changements de direction; le miroir vert et le ventre blanc tranchent alors avec le devant plus foncé.

 ESPÈCES SEMBLABLES: La race européenne (Sarcelle d'hiver), très rarement observée dans l'est de l'Amérique du Nord, dont le mâle porte une barre horizontale blanche sur son aile repliée.

La Sarcelle à ailes bleues femelle, un peu plus grosse, qui s'en distingue par la région bleue au-dessus de son miroir vert, une tache pâle à la base de son bec plus long, et le brun de son plumage, plus foncé.

HABITAT: En période de reproduction, fréquente toutes sortes d'étangs et de marais d'eau douce, habituellement très peu profonds, depuis les plaines jusque dans l'Arctique. Ses habitats se caractérisent par une bande de végétation riveraine bien établie et une nourriture abondante. En migration et en hiver, la Sarcelle à ailes vertes fréquente aussi les eaux saumâtres ou salées.

NIDIFICATION: Le nid est au sec, habituellement à faible distance de l'eau, bien dissimulé parmi la végétation herbacée. Composé de végétation, il a la forme d'un bol tapissé de petites plumes et de duvet.

La femelle couve seule une dizaine d'oeufs pendant 22 jours environ. Les jeunes quittent le nid moins de 36 heures après l'éclosion; ils peuvent voler vers la cinquième semaine et se reproduire le printemps suivant.

ALIMENTATION: Se nourrit de graines de plantes aquatiques telles que la renouée, le carex et le potamot. Capture aussi des invertébrés dans l'eau peu profonde ou sur les berges. Se nourrit parfois dans les champs de céréales à l'automne.

NOTES:

- Contrairement à la Sarcelle à ailes bleues, la Sarcelle à ailes vertes tolère bien le froid. Elle demeure dans nos régions jusqu'à la prise des glaces et nous revient tôt au printemps.
- D'après les recensements effectués en Ontario par le Service canadien de la faune, la population de cette espèce serait en baisse depuis 1970, ce que semblent confirmer d'autres observations faites dans le nord-est du continent.
- La longévité maximale connue chez cette espèce serait de neuf ans.

SARCELLE À AILES BLEUES

Ordre: Anseriformes
Famille: Anatidae

Anas discors
Blue-winged Teal
(Sarcelle soucrourou)

Canard barboteur plus grand que le pigeon. Miroir vert avec zone bleue au-dessus. Bec foncé assez long et étroit.

Taille: 39 cm (35,5-40,6 cm)
Poids: 500 g

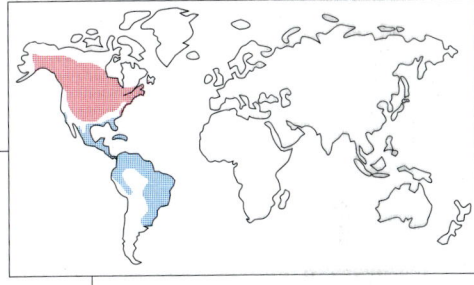

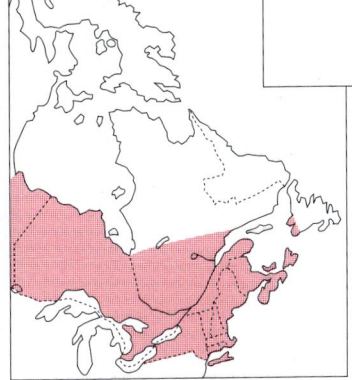

RÉPARTITION: Niche dans tout le Canada et dans la majorité des États américains, mais surtout dans les Prairies canadiennes. Hiverne dans le sud des États-Unis et plus au sud, principalement en Amérique du Sud.

Au Québec, niche principalement dans les basses terres du Saint-Laurent et dans les étangs des terres agricoles de l'Abitibi. Niche aussi aux îles de la Madeleine. S'observe surtout de la mi-avril à la mi-octobre.

DESCRIPTION: Le mâle adulte en plumage nuptial a la tête et le haut du cou bleutés avec un croissant blanc en avant des yeux. Au repos, une tache blanche à la base de la queue noire est visible de chaque côté du corps. Le mâle en été, la femelle et les juvéniles ont une coloration plutôt brunâtre. Une zone blanche se trouve juste devant l'oeil, à la base du bec noirâtre, qui est assez long et étroit. Le miroir est vert métallique chez le mâle et vert noirâtre chez la femelle. Il y a une plaque bleue sur l'aile.

Vol rapide et zigzagant, au ras de l'eau.

ESPÈCES SEMBLABLES: La femelle du Canard souchet, de même taille et portant elle aussi une plaque bleue sur l'aile, qui s'en distingue par son énorme bec.

La femelle de la Sarcelle à ailes vertes, sans région bleue sur l'aile et dont le plumage est d'un brun plus pâle.

HABITAT: Fréquente surtout les endroits découverts et affectionne les marais et les étangs d'eau douce, souvent de très petite superficie et d'une profondeur de moins d'un mètre.

NIDIFICATION: Niche le plus souvent à moins de 100 mètres de l'eau, au sec parmi les débris de la végétation herbacée de l'annnée précédente. Le nid, qui a la forme d'un bol, se compose de végétation et est tapissé de duvet.

La femelle pond une dizaine d'oeufs qu'elle couve seule pendant 24 jours. Les jeunes quittent le nid moins de 24 heures après l'éclosion et peuvent voler vers l'âge de six semaines.

ALIMENTATION: Régime surtout végétarien. Se nourrit de graines et de feuilles de plantes aquatiques comme le potamot, le carex et la renouée. La femelle en période de reproduction et les canetons mangent des invertébrés aquatiques (larves d'insectes, escargots). Cette sarcelle capture ses proies à la surface de l'eau au lieu de basculer le corps avec la tête sous l'eau, à la façon des autres barboteurs.

NOTES:
- Tout comme le Canard souchet, la Sarcelle à ailes bleues occupe au printemps un territoire bien délimité dont elle chasse les autres sarcelles de son espèce. L'observateur qui fait le recensement des couples reproducteurs à pied ou en canot voit souvent le couple ou le mâle seul s'envoler devant lui sur de courtes distances pour ensuite revenir à son point de départ, dans son territoire.
- La Sarcelle à ailes bleues voit sa population diminuer depuis les années 70, tant au Québec qu'ailleurs en Amérique. Jusque-là, c'était le canard barboteur le plus abondant dans la région de Montréal à l'époque de la migration automnale. L'introduction de nouvelles pratiques agricoles pourrait expliquer en partie cette baisse de population. Ainsi, l'absence de végétation résiduelle au printemps en bordure des fossés de drainage a éliminé des terrains de nidification. Par ailleurs, les coupes de foin hâtives provoquent la destruction des oeufs dont l'éclosion se produirait normalement vers le 24 juin. (Cette baisse de population est peut-être aussi attribuable en partie à la chasse l'hiver en Amérique du Sud, dont on ignore cependant l'ampleur.) Ajoutons que la Sarcelle à ailes bleues est sensible à un parasite présent dans les escargots qu'elle mange; chaque année en fin d'été, des victimes sont retrouvées sur les grands plans d'eau de la région de Montréal et de Trois-Rivières.

Petit Garrot

Ordre: Anseriformes
Famille: Anatidae

Bucephala albeola
Bufflehead
Marionnette, sac à plomb
(Garrot albéole)

Petit canard plongeur plus grand que le pigeon. Grosse tête. Bec court et grisâtre. Blanc à la tête chez le mâle et la femelle.

Taille: 34 cm (30-38 cm)
Poids: 500 g

RÉPARTITION: Niche au Canada depuis la Colombie-Britannique jusqu'au Québec, en Alaska et dans quelques États du nord-ouest des États-Unis. Hiverne sur les côtes et à l'intérieur, depuis l'Alaska, les Grands Lacs et la Nouvelle-Angleterre jusqu'au Mexique.

Au Québec, niche en petit nombre dans la région de la baie James (52e parallèle), rarement plus au sud. S'observe plus au sud surtout à l'époque des deux migrations, de la fin mars à la fin mai et du début octobre à la mi-décembre.

DESCRIPTION: Le Petit Garrot a une grosse tête et son bec grisâtre est court. Le mâle adulte a un plumage nuptial surtout blanc à l'exception de la tête, foncée avec des reflets verdâtres, sur laquelle se découpe un grand triangle blanc derrière l'oeil. Son dos, sa queue et le bout de ses ailes sont noirs. La femelle adulte, qui garde le même plumage toute l'année, a la tête brune avec une tache blanche allongée derrière l'oeil, et le reste du corps brun gris. Un petit carré blanc se détache sur l'aile, près du corps. Au début de l'automne, le mâle et les juvéniles ressemblent à la femelle adulte. Les jeunes mâles acquièrent leur plumage adulte la deuxième année.

En vol, le battement d'ailes est très rapide et la tache blanche sur l'aile est plus visible. En migration, l'espèce s'observe le plus souvent en groupes comptant au plus cinq oiseaux.

Ernest Breault

Wayne Lankinen

HABITAT: En période de reproduction, le Petit Garrot fréquente les lacs et milieux humides des régions forestières. En migration et en hiver, il s'observe sur les plans d'eau douce ou salée.

NIDIFICATION: Niche dans les cavités naturelles des arbres, dans les trous creusés par les pics pour nicher, surtout ceux du Pic flamboyant (*Colaptes auratus*), et dans les nichoirs. Les cavités choisies sont situées en majorité à moins de 25 mètres de l'eau et à une hauteur de 1 à 3 mètres du sol. Le nid est une dépression garnie de duvet et de plumes, à même les matériaux qui tapissent la cavité.

La femelle pond une dizaine d'oeufs qu'elle couve seule 29 jours environ. Les jeunes quittent le nid de 24 à 36 heures après l'éclosion et peuvent voler vers l'âge de huit semaines. Ils peuvent se reproduire dès la deuxième année.

Les jeunes femelles visitent les cavités des arbres en été, probablement pour choisir l'endroit où elles aménageront leur nid l'année suivante.

ALIMENTATION: Se nourrit principalement d'insectes, d'escargots et de petits poissons, qu'il attrape en plongeant. Il consomme également des graines de plantes aquatiques.

NOTE:
- La longévité maximale connue chez cette espèce serait de 13 ans.

Canard roux

Ordre: Anseriformes
Famille: Anatidae

Oxyura jamaicensis
Ruddy Duck
(Érismature roux)

Petit canard plongeur plus grand que le pigeon. Bec court et large. Queue souvent tenue à la verticale. Calotte foncée, menton et joues pâles.

Taille: 38 cm (35,5-43 cm)
Poids: 500 g

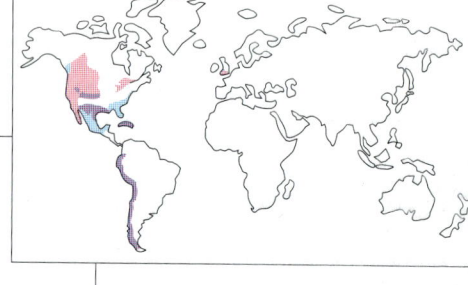

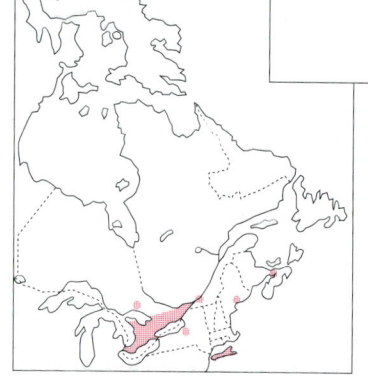

RÉPARTITION: Niche surtout dans le centre et l'ouest du continent, tant au Canada qu'aux États-Unis, et en petit nombre dans l'Est, où sa population semble augmenter depuis les années 70. Des races légèrement différentes nichent en Amérique centrale et en Amérique du Sud. Hiverne depuis la Colombie-Britannique jusque dans des régions plus au sud.
Au Québec, niche dans l'extrême sud de la province, où les occasions de l'observer sont peu fréquentes, et rarement plus au nord.

DESCRIPTION: Au printemps, le menton et les joues blanches du mâle adulte tranchent avec sa calotte noire. Son cou, son dos et ses flancs sont marron. Son bec bleu est court et large. À l'automne et en hiver, le mâle perd le marron de son plumage qui devient grisâtre, mais conserve le blanc de sa face qui facilite son identification. Son bec est alors gris. En tout temps, le plumage de la femelle adulte est brunâtre, rayé sur les flancs. Les joues et le menton plus pâles sont traversés d'une raie foncée, et la calotte est aussi foncée. Les juvéniles ressemblent à la femelle adulte.
La queue est souvent tenue à la verticale.

HABITAT: En période de reproduction, fréquente les marais d'eau douce souvent de petite superficie (1 ha). En migration et en hiver, fréquente aussi les plans d'eau saumâtre ou salée.

NIDIFICATION: Installé au-dessus de l'eau, le nid se compose d'un amas de plantes fixé à la végétation émergente.

La femelle pond de cinq à dix oeufs qu'elle couve 25 jours environ. Les oisillons quittent le nid moins de 24 heures après l'éclosion et peuvent voler vers la sixième ou la septième semaine.

La femelle a l'habitude de pondre aussi dans le nid d'autres espèces de canards et même de grèbes.

Étonnamment gros, les oeufs sont de la taille de ceux du Morillon à dos blanc, deux fois plus gros que le Canard roux. Ainsi, une ponte d'une dizaine d'oeufs représente plus du double du poids de la femelle.

Fait inusité chez les canards, un mâle accompagne parfois la femelle pendant la période d'élevage des jeunes. Il ne s'agit pas nécessairement du père.

ALIMENTATION: Se nourrit surtout de végétaux, mais consomme aussi des insectes et des crustacés.

NOTE:
- Pour fuir, ce petit canard, qui peut s'immerger à la façon des grèbes, préfère plonger plutôt que de s'envoler. L'examen des ailes permet de comprendre pourquoi. Leur petitesse par rapport au corps empêche en effet le Canard roux de prendre rapidement son envol.

POULE-D'EAU

Ordre : Gruiformes
Famille : Rallidae

Gallinula chloropus
Common Moorhen
<u>Gallinule commune</u>, petit coq de baie

Oiseau à l'allure d'une poule, plus grand que le pigeon. Plumage noirâtre, base du bec et front rouges. Bouge la tête en nageant. Flotte haut sur l'eau.

Taille : 36 cm (30,5-37,5 cm)
Poids : 400 g

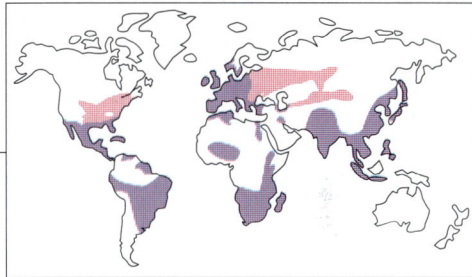

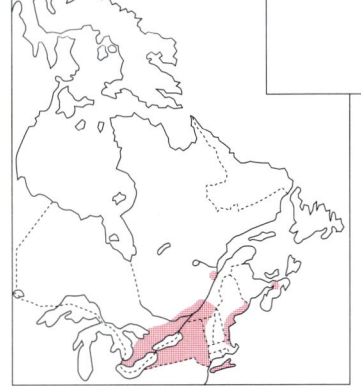

RÉPARTITION : Niche depuis l'Argentine jusqu'au Canada, où elle ne s'observe que dans l'extrême sud du Québec et de l'Ontario et, plus rarement, dans les Maritimes. Rare dans l'ouest des États-Unis. Les populations nordiques hivernent dans les États côtiers du sud des États-Unis.

Au Québec, niche dans le sud des basses terres du Saint-Laurent et dans les Appalaches. S'observe surtout de la fin avril à la mi-octobre.

DESCRIPTION : Cet oiseau a la taille, le bec et l'allure d'une poule. Les adultes ont le corps très foncé et une raie blanche longitudinale aux flancs. Une partie des sous-caudales est blanche, le bout du bec est jaune, et la base du bec est rouge, de même que la plaque frontale. Les pattes sont verdâtres et les doigts ne sont ni lobés ni palmés. Les juvéniles ont un plumage foncé et toujours cette raie blanche sur les flancs.

La Poule-d'eau flotte haut sur l'eau. Elle bouge souvent la tête en nageant et doit courir sur l'eau avant de s'envoler péniblement, pour se poser souvent à une faible distance.

Cette espèce émet une série de longs cris bizarres qui attirent l'attention au printemps.

ESPÈCE SEMBLABLE : La Foulque d'Amérique, qui a la même allure, mais dont la plaque frontale est blanche et qui n'a pas de raie blanche aux flancs. Elle bouge également la tête en nageant, et son envol est aussi pénible que celui de la Poule-d'eau.

HABITAT : Fréquente principalement les marais d'eau douce où poussent des touffes importantes de plantes émergentes entrecoupées de zones dégagées.

NIDIFICATION : Niche dans les marais. Le nid est un amas de plantes formant une plate-forme, situé au-dessus de l'eau et parfois à la base d'un arbuste. D'autres plates-formes construites à proximité servent d'aires de repos.

Les deux parents couvent de neuf à douze oeufs pendant 21 jours environ. Étant donné que la couvaison débute parfois avant la fin de la ponte, les jeunes ne naissent pas nécessairement tous en même temps.

Bien qu'ils aient des plumes et soient capables de se déplacer dès leur naissance, les jeunes restent quelques jours au nid, où les parents les nourrissent. Ils peuvent voler vers l'âge de sept semaines.

ALIMENTATION : D'après le peu d'information dont on dispose, se nourrit surtout de plantes, mais aussi d'insectes et d'escargots. S'alimente en nageant ou en marchant sur les plantes flottantes ou sur la terre ferme bordant le marais.

NOTES :
- La Poule-d'eau niche parfois en grand nombre dans les marais à plantes émergentes et à plantes flottantes comme ceux de Thurso, le long de la rivière des Outaouais. Certaines années, les couvées de cette espèce y sont plus nombreuses que celles de toutes les espèces de canards réunies.
- On croit que cet oiseau pourrait vivre jusqu'à six ans.

Daniel Jauvin

FOULQUE D'AMÉRIQUE

Ordre : Gruiformes
Famille : Rallidae

Fulica americana
American Coot
Poule d'eau

Oiseau plus grand que le pigeon, à l'allure à la fois d'un canard et d'une poule. Plumage ardoisé et bec et front blancs. Flotte haut sur l'eau.

Taille : 39 cm (33-40,5 cm)
Poids : 600 g

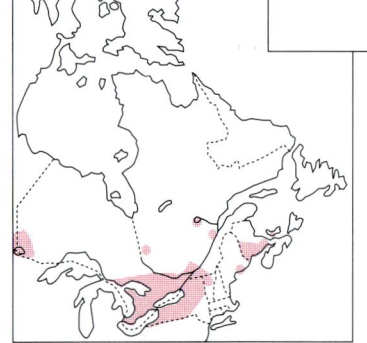

RÉPARTITION : Au Canada, niche surtout au Manitoba et plus à l'ouest. Niche un peu partout sur le continent depuis l'Amérique du Sud jusqu'au Canada, y compris dans les Antilles. Les populations nordiques hivernent depuis le sud de la Colombie-Britannique jusqu'en Amérique centrale et aux Antilles.

Au Québec, niche par endroits jusqu'à la hauteur du lac Saint-Jean (48e parallèle), et s'observe surtout entre la fin avril et la mi-octobre.

DESCRIPTION : L'espèce ressemble à un canard à petite tête et à bec de poule. Les adultes des deux sexes sont identiques ; le corps au plumage ardoisé paraît noir, et le bec de même que le front blanchâtres sont marqués de points marron peu visibles à distance. Les tectrices sous-caudales externes sont blanches, et la couleur des pattes varie de verdâtre à orangé. Les doigts sont lobés. Les juvéniles ont le corps plus pâle que celui des adultes, surtout le dessous, et le bec plus terne.

En vol, une fine bordure blanche se dessine au bas de l'aile, et les pattes dépassent le corps. La Foulque d'Amérique flotte haut sur l'eau. Elle bouge souvent la tête d'avant en arrière en nageant et doit courir sur l'eau avant de s'envoler péniblement, souvent pour ne franchir qu'une courte distance.

L'espèce émet une variété de sons forts et bizarres caractéristiques de la famille des râles, souvent entendus à la tombée du jour et la nuit.

127

ESPÈCE SEMBLABLE: La Poule-d'eau, dont le bec et le front sont rougeâtres et dont les flancs sont marqués d'une ligne blanche. Ses doigts n'ont pas de membranes. Elle bouge également la tête en nageant, et son envol est aussi pénible que celui de la Foulque d'Amérique.

HABITAT: Fréquente différents types de marais couverts en bonne partie de plantes émergentes. S'observe plus souvent que la Poule-d'eau sur les grandes nappes d'eau profonde. En hiver, fréquente l'eau douce ou salée.

NIDIFICATION: Niche souvent en colonies lâches. Le nid est une plate-forme de plantes accrochée à la végétation émergente. D'autres plates-formes servent d'aires de repos.

Les deux parents couvent une dizaine d'oeufs de 23 à 24 jours. Les premiers jours, les jeunes sont protégés par la femelle et nourris par le mâle bien qu'ils puissent déjà se déplacer. On les voit parfois sur le dos de leurs parents qui nagent. Ils deviennent autonomes au bout de huit semaines.

En période de reproduction, la Foulque d'Amérique repousse énergiquement les autres oiseaux aquatiques qui s'aventurent sur son territoire.

ALIMENTATION: Se nourrit de plantes, de mollusques et d'autres invertébrés qu'elle trouve en nageant à la surface ou en plongeant. Elle vole souvent aux morillons la nourriture que ceux-ci ramènent à la surface. On la voit aussi marcher sur la terre ferme à la recherche d'insectes, de graines ou de plantes.

NOTES:
- Si la Foulque est relativement rare et discrète dans nos régions (abstraction faite de ses cris), l'observateur qui se rend l'hiver dans les refuges d'oiseaux aux États-Unis a souvent l'occasion d'y voir cet oiseau en grand nombre et très peu méfiant.
- La longévité maximale connue chez cette espèce serait de neuf ans.

GRAND CHEVALIER

Ordre: Charadriiformes
Famille: Scolopacidae

Tringa melanoleuca
Greater Yellowlegs
Grand Chevalier à pattes jaunes

Oiseau de rivage de la taille du pigeon. Longues pattes jaunes et long bec foncé légèrement retroussé. Dos grisâtre et ventre pâle. Cri perçant.

Taille : 36 cm (32-38 cm)
Poids : 200 g

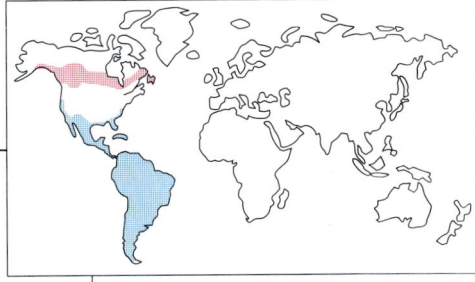

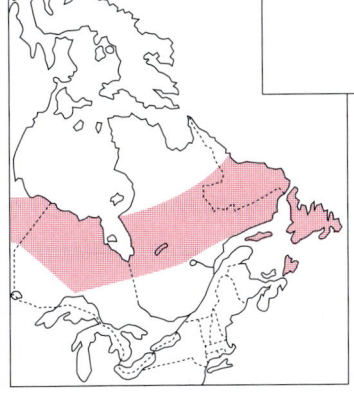

RÉPARTITION : Niche dans les régions boréales du Canada et en Alaska. Hiverne dans les États côtiers des États-Unis et jusqu'en Amérique du Sud.

Au Québec, niche à la hauteur de la baie d'Hudson (55e parallèle) et un peu plus au sud (en Abitibi). S'observe partout plus au sud à l'époque des migrations, surtout de la fin avril à la mi-juin et de la mi-juillet au début novembre. S'observe rarement en été, saison pendant laquelle seuls des Grands Chevaliers non reproducteurs demeurent dans nos régions.

DESCRIPTION : Les adultes des deux sexes sont identiques. Au printemps, ils ont un manteau gris brun tacheté de blanc, les pattes jaunes, et la tête, le cou, la poitrine et les flancs pâles marqués de brun gris. À l'automne, leur plumage est semblable mais le cou et la poitrine paraissent gris sans rayures évidentes, et le ventre est blanc. Les juvéniles ressemblent aux adultes à l'automne, sauf que les marbrures du dos et de la poitrine sont plus évidentes. Cet oiseau de rivage haut sur pattes a un long bec foncé souvent légèrement retroussé.

En vol, notez le croupion blanc, la queue finement rayée, les ailes grises sans bandes et les pattes dépassant le corps. Au sol, il est fréquent de le voir se dandiner. Se tient souvent sur une seule patte.

Son cri perçant comporte au moins trois notes semblables, claires et flûtées (« kiou, kiou, kiou »), qui sont rapprochées.

ESPÈCE SEMBLABLE: Le Petit Chevalier, presque identique, quoique plus petit (25 à 35 cm), et dont le bec est plus court et droit; son cri ne comporte habituellement que deux notes. Il se tient normalement en bandes plus nombreuses et moins bruyantes que celles du Grand Chevalier, qui comptent rarement plus d'une douzaine d'individus. L'identification des deux espèces est facilitée par le fait qu'elles se tiennent souvent ensemble lors de leurs passages dans nos régions, l'écart entre leurs tailles étant alors manifeste.

HABITAT: Pendant la nidification, fréquente les tourbières, étangs, rivières et lacs de la forêt boréale. En migration, s'observe surtout en bordure du fleuve Saint-Laurent et sur les berges découvertes des marais et des rivières d'eau douce ou salée.

NIDIFICATION: Le nid consiste en une coupe tapissée de végétation, souvent installée près d'un arbre renversé ou d'une grosse branche tombée au sol.

Les oeufs, au nombre de quatre, sont probablement couvés par les deux parents pendant 23 jours. Ceux-ci prennent soin des oisillons qui quittent le nid rapidement et peuvent voler vers l'âge de 20 jours.

ALIMENTATION: Se nourrit de vers, d'insectes, de mollusques, de crustacés, de têtards et aussi de petits poissons. Il capture ses proies en balayant l'eau avec son bec ou en les attrapant en surface. Il cherche sa nourriture en marchant dans l'eau parfois jusqu'au ventre ou même en nageant.

NOTE:
• Le Grand Chevalier est d'ordinaire plus méfiant que le Petit Chevalier; il se tient à une bonne distance des humains, en entraînant parfois avec lui les autres oiseaux de rivage avec lesquels il forme des groupes mixtes pendant les migrations. Ce comportement, également noté sur les terrains de reproduction, ne facilite certes pas l'observation du nid ou des jeunes.

MOUETTE DE BONAPARTE

Ordre: Charadriiformes
Famille: Laridae

Larus philadelphia
Bonaparte's Gull

Mouette de la taille du pigeon, au bec noir. Dessus des ailes gris près du corps et blanc légèrement bordé de noir au bout. Vol léger.

Taille: 34 cm (30,3-37 cm)
Poids: 200 g

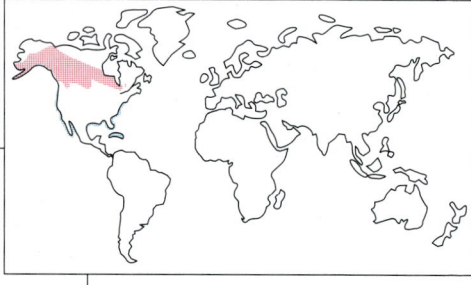

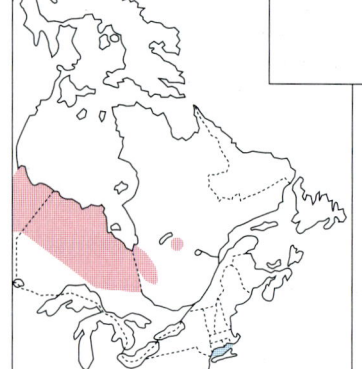

 RÉPARTITION: Niche au Canada, du Québec jusque dans l'Ouest. Niche aussi en Alaska. Hiverne le long des côtes américaines et dans les Antilles.

Au Québec, niche par endroits depuis l'Abitibi jusqu'à la baie James (52e parallèle). S'observe partout plus au sud entre la fin avril et la fin novembre, mais plus fréquente en mai, août et septembre.

DESCRIPTION: Les adultes des deux sexes sont identiques. Au printemps et en été, la tête est noire, le manteau gris et la queue blanche. Le dessous du corps est blanc. À l'automne et en hiver, le plumage est semblable, sauf pour la tête devenue blanche avec un point foncé à l'oreille. Quelle que soit la saison, le bec est noir et un motif apparaît sur le dessus de l'aile, gris près du corps et blanc à l'extrémité, soulignée d'une mince bordure noire. Les juvéniles mettent deux ans à acquérir leur plumage adulte. Dans l'intervalle, notez le bout foncé de la queue légèrement arrondie, le point foncé à l'oreille et le brun qui découpe le dessus de l'aile.

Le vol léger de la Mouette de Bonaparte rappelle celui d'une sterne.

 HABITAT: En période de reproduction, fréquente les abords des marais dans les forêts de conifères. En migration, s'observe près de différents plans d'eau douce. Hiverne en eau saumâtre ou salée.

Michel Quintin

NIDIFICATION: Niche habituellement dans un arbre situé près de l'eau. Le nid est une coupe peu profonde composée de brindilles, d'herbes et de mousses.

Les oeufs, habituellement au nombre de trois, sont couvés pendant 23 ou 24 jours. Les jeunes quittent le nid une semaine après l'éclosion.

ALIMENTATION: L'été, se nourrit essentiellement d'insectes et de petits poissons. Sur les côtes, se nourrit de mollusques, de vers marins, de poissons et de déchets. Attrape ses proies à la surface de l'eau.

NOTES:
• La Mouette de Bonaparte a été nommée ainsi par George Ord, un scientifique de Philadelphie, en l'honneur de Charles Lucien Bonaparte, ornithologue français ayant séjourné dans cette ville de 1823 à 1828.
• Les oiseaux de cette espèce se rassemblent en grand nombre dans la baie de Fundy et en Ontario, dans la région de Niagara, d'août à octobre.

STERNE PIERREGARIN

Ordre : Charadriiformes
Famille : Laridae

Sterna hirundo
Common Tern
Sterne commune, historlette, istorlet, hirondelle de mer

Oiseau de la taille du pigeon, aux ailes longues et pointues et à la queue fourchue. Plumage grisâtre, calotte et nuque noires. Vol saccadé, bec pointant vers l'eau.

Taille : 37 cm (33-40,5 cm)
Envergure : 80 cm
Poids : 120 g

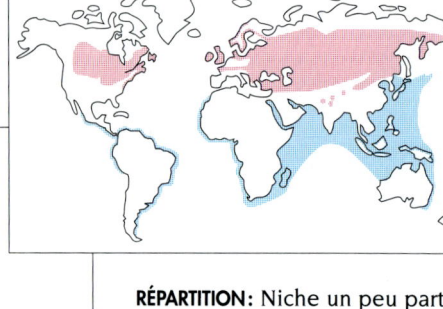

RÉPARTITION : Niche un peu partout au Canada sauf sur la côte du Pacifique. Niche dans le nord des États-Unis et par endroits plus au sud. Hiverne surtout en Amérique centrale et en Amérique du Sud.

Au Québec, niche jusqu'à la baie James, et s'observe surtout entre le début mai et la mi-septembre.

 DESCRIPTION : Les adultes des deux sexes sont identiques. En plumage nuptial, le manteau est grisâtre, la calotte et la nuque sont noires, et le bec est rouge avec le bout noir. En hiver, le front est blanc, le bec est tout noir et une barre sombre apparaît sur l'aile repliée. Les juvéniles mettent deux ans à acquérir leur plumage adulte. Avec leur manteau tacheté de brun et leur bec brun au bout et orangé à la base, ils ressemblent aux adultes en plumage d'hiver. Chez les adultes comme chez les jeunes, les ailes longues et pointues sont bordées de noir à l'extrémité. La queue est fourchue.

La Sterne pierregarin vole presque inlassablement d'un battement d'ailes ample et saccadé, le bec surtout pointé vers l'eau.

Son cri caractéristique est fort, nasillard, rauque et traînant, du genre «kiiirrrrr».

ESPÈCE SEMBLABLE: La Sterne arctique (S*terna paradisaea*), très semblable, qui s'en distingue, chez les adultes au printemps, par son bec souvent tout rouge, sa queue dépassant les ailes repliées, le dessous de ses ailes pâle avec une mince bordure noire au bout des primaires et le dessus de ses ailes gris uniforme, sans ligne noire à travers les primaires les plus éloignées.

Chez cette espèce comme chez la Sterne pierregarin, le plumage adulte apparaît la troisième année. Les oiseaux d'un an demeurent souvent dans les quartiers d'hiver.

HABITAT: En plus du golfe et des côtes, fréquente surtout le fleuve Saint-Laurent et les grands lacs et rivières. S'observe plus rarement au-dessus des marais qu'affectionnent ses cousines, la Guifette noire et la Sterne de Forster (S*terna forsteri*), cette dernière étant rarement observée dans nos régions.

NIDIFICATION: Niche le plus souvent en colonies sur les parties sablonneuses ou graveleuses des îles ou des rivages. Le nid est une dépression à même le sol, souvent tapissée de brindilles ou de petits coquillages.

Les deux parents couvent les oeufs, habituellement au nombre de trois, pendant environ 25 jours. Les oisillons quittent le nid

quelques jours après l'éclosion, mais y reviennent fréquemment. Ils peuvent voler vers la quatrième semaine. Les parents les nourrissent pendant toute cette période et parfois jusqu'au début de la migration.

 ALIMENTATION: Se nourrit surtout de petits poissons qu'elle attrape à la surface ou sous l'eau en plongeant, souvent après un court vol sur place.

 NOTES:
- Au début du siècle, à l'époque où les plumes de sterne et de héron se portaient beaucoup, l'espèce a presque disparu. Le rétablissement de sa population s'est amorcé en 1913, année où la Sterne pierregarin a été désignée espèce protégée par le gouvernement américain.
- La présence humaine sur les terrains de reproduction peut se révéler très nuisible. La Sterne commencera par défendre farouchement son nid en piquant sur l'intrus, souvent accueilli par une pluie de fientes. Si les intrusions se répètent, elle finira par renoncer à se reproduire et par déserter les lieux pour plusieurs années.
- L'augmentation du nombre de goélands, qui nichent aux mêmes endroits que les sternes en s'y installant les premiers, a par ailleurs amené les sternes à déserter certaines aires de nidification.
- La longévité maximale connue chez cette espèce serait de 25 ans.

MARTIN-PÊCHEUR D'AMÉRIQUE

Ordre : Coraciiformes
Famille : Alcedinidae

Ceryle alcyon
Belted Kingfisher
P'tit pêche martin (Alcyon ceinturé)

Oiseau de la taille du pigeon, au plumage surtout bleu gris. Grosse tête avec huppe ébouriffée. Bec foncé, droit, fort et pointu.

Taille : 33 cm (28-37,5 cm)
Poids : 150 g

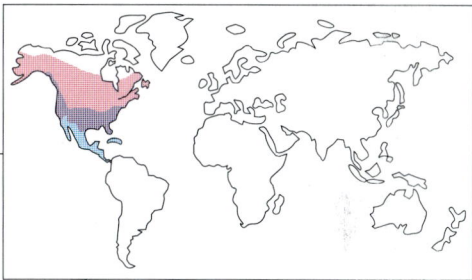

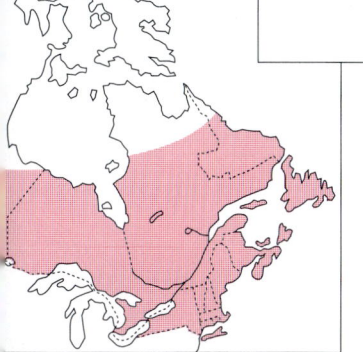

RÉPARTITION : Niche un peu partout en Amérique du Nord jusqu'à la limite des arbres. Hiverne principalement dans le sud de son aire de reproduction, jusqu'en Amérique centrale.

Au Québec, niche et s'observe partout sauf dans le nord, surtout du début avril à la mi-octobre.

DESCRIPTION : Les oiseaux des deux sexes sont semblables avec leur dos bleu gris et leur collier blanc. La femelle a une bande pectorale et les flancs roux en plus de la bande bleu gris que porte aussi le mâle sur la poitrine. La tête bleu gris est grosse, avec une huppe ébouriffée de même teinte. Le bec foncé est droit, fort et pointu. Les pattes sont courtes. Les juvéniles sont semblables aux adultes, avec une bande pectorale teintée de roux.

En vol, les battements d'ailes secs et rapides sont suivis d'une glissade vers le haut avant que l'oiseau ne se perche.

Son cri fort et grinçant, semblable au bruit d'une crécelle, permet de l'identifier à coup sûr.

HABITAT : Fréquente toutes les régions où il peut trouver des eaux claires et poissonneuses, au cours lent ou assez rapide.

NIDIFICATION : Niche dans une galerie creusée par les parents dans la pente d'un talus meuble. Cette galerie d'environ un mètre de longueur aboutit à une chambre où sont déposés les oeufs, de cinq à huit, à même le fond.

La femelle couve seule ou presque, pendant 23 ou 24 jours. Les jeunes, qui naissent nus, sont nourris par les parents même après leur sortie du nid, lorsqu'ils apprennent à voler, environ 30 jours après l'éclosion. Les parents leur apprennent à pêcher en laissant tomber dans l'eau des proies mortes que les jeunes récupèrent.

 ALIMENTATION: Se nourrit de petits poissons (dans une proportion de 50 à 90 p. 100), d'écrevisses, de gros insectes et parfois de grenouilles.

Le Martin-pêcheur d'Amérique aime bien se percher sur une branche ou un fil surplombant l'eau, d'où il effectue un plongeon spectaculaire, souvent précédé d'un vol sur place, pour disparaître sous l'eau et en ressortir aussitôt en tenant sa proie dans son bec. Il régurgite les parties non comestibles sous forme de boulettes que l'on retrouve parfois dans son nid.

NOTES:

• En période de reproduction, le Martin-pêcheur défend jalousement son territoire. Si vous y pénétrez, il vous reconduira jusqu'à sa limite en vous devançant et en vous «injuriant». Dans ses quartiers d'hiver, le Martin-pêcheur est solitaire et défend aussi un petit territoire de pêche.

• Il lui arrive de fréquenter les piscicultures pour y capturer des alevins de truites. Un écran de fils tendus au-dessus des bassins d'élevage sert à décourager les intrus.

Musée canadien de la nature

TAILLE 4

Grèbe jougris

Héron vert

Canard branchu
Canard noir
Canard colvert
Canard pilet
Canard souchet
Canard chipeau
Canard siffleur d'Amérique
Morillon à dos blanc
Morillon à tête rouge
Morillon à collier
Grand Morillon
Petit Morillon
Canard kakawi
Macreuse à bec jaune
Macreuse à front blanc

Macreuse à ailes blanches
Garrot à oeil d'or
Bec-scie couronné
Bec-scie à poitrine rousse
Balbuzard
Busard Saint-Martin
Faucon pèlerin

Goéland à bec cerclé
Goéland argenté

Hibou des marais

OISEAU REPÈRE

CORNEILLE D'AMÉRIQUE

GRÈBE JOUGRIS

Ordre: Podicipediformes
Famille: Podicipedidae

Podiceps grisegena
Red-necked Grebe

Oiseau plongeur de la taille de la corneille. Bec jaunâtre long et mince. Gorge pâle. Cou effilé de couleur rouge brique au printemps.

Taille: 50 cm (46-52 cm)
Poids: 1 kg

RÉPARTITION: Niche au Canada, surtout depuis le Manitoba jusqu'au Pacifique, et plus rarement dans l'Est. Aux États-Unis, niche en Alaska et dans quelques États du nord-ouest du pays. Hiverne principalement le long des côtes américaines.

Au Québec, niche seulement en Abitibi, et s'observe ailleurs surtout au début mai ou en octobre.

 DESCRIPTION: Les adultes des deux sexes sont identiques. Le bec jaunâtre et le cou sont effilés. Au printemps et en été, le cou est rouge brique, la gorge et la face jusqu'à la hauteur des yeux sont blanches, et la calotte est noire. Les flancs grisâtres sont plus pâles que le dos. À la fin de l'automne et en hiver, tout le plumage est grisâtre, une partie de la face et la gorge étant plus pâles que la calotte et le cou. Le plumage des juvéniles est semblable à celui des adultes en hiver.

· En vol, notez les deux zones blanches sur le dessus des ailes.

 ESPÈCE SEMBLABLE: Le Grèbe cornu, plus petit, qui a des touffes dorées aux oreilles au printemps. En hiver, son bec est grisâtre et le blanc de sa face tranche nettement avec sa calotte foncée.

 HABITAT: En période de reproduction, fréquente différents plans d'eau douce bordés de végétation émergente. Hiverne en bordure des côtes.

NIDIFICATION: Le nid, caractéristique des grèbes, consiste en un amas de plantes formant un petit monticule flottant ou fixé à la végétation émergente.

Les deux parents couvent les oeufs, habituellement quatre ou cinq, pendant 22 ou 23 jours. Ils nourrissent et accompagnent les jeunes jusqu'à leur envol vers l'âge de neuf semaines.

Lorsqu'elles nichent en colonie lâche, il arrive que différentes femelles pondent dans le même nid (nid de dépôt), qui contient parfois plus de huit oeufs. Ces oeufs ne sont habituellement pas couvés.

Comme les huarts, les grèbes transportent parfois leurs petits sur leur dos quand ils nagent.

ALIMENTATION: Se nourrit d'écrevisses, de salamandres, de petits poissons, d'insectes et de mollusques qu'il attrape en plongeant. Mange aussi un peu de plantes.

NOTE:
- Bien qu'il se tienne surtout en couple ou seul, le Grèbe jougris s'observe parfois en bandes nombreuses en période de migration.

HÉRON VERT

Ordre: Ciconiiformes
Famille: Ardeidae

Butorides striatus
Green-backed Heron

Petit héron de la taille de la corneille, au plumage foncé. Surtout observé seul, il se tient souvent perché.

Taille: 50 cm (40,6-55,8 cm)
Poids: 180 g

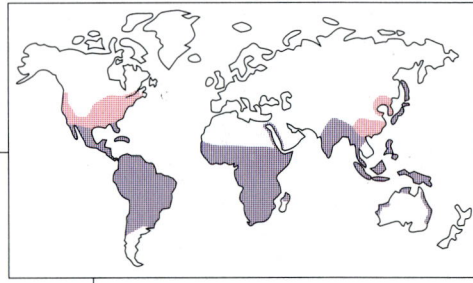

RÉPARTITION: Niche en Amérique du Sud et plus au nord aux États-Unis (surtout dans l'Est), et par endroits dans le sud de certaines provinces canadiennes (Colombie-Britannique, Ontario, Québec et Nouveau-Brunswick). Hiverne depuis le sud des États-Unis jusqu'en Amérique du Sud.

Au Québec, niche le long du fleuve Saint-Laurent surtout en amont de Québec, et en Estrie. S'observe principalement entre le début mai et la fin septembre.

DESCRIPTION: Les adultes des deux sexes sont identiques. Le bec fort et droit est noir sur le dessus et jaunâtre en-dessous. La gorge et la poitrine sont pâles rayées de brun, et les côtés de la tête et du cou ont une coloration cannelle. La calotte et la huppe sont noires avec des reflets verts, et le manteau est verdâtre. Les pattes sont jaune verdâtre ou orangées mais deviennent orange vif chez le mâle durant la parade. Les juvéniles ont le dessus du corps brun et le dessous pâle fortement rayé de brun. Le Héron vert ressemble souvent à un petit héron foncé, les riches teintes de son plumage n'étant visibles que sous un bon éclairage.

En vol, notez le battement d'ailes ample et assez rapide, et le cou replié en S sur les épaules, comme chez les autres membres de la famille des hérons. Surtout observé seul, le Héron vert se tient souvent perché. Quand on le dérange, il pousse parfois son cri d'alarme, hérisse les plumes de sa couronne et bouge la queue.

Il fait entendre un cri bref mais fort, ressemblant à un «kiou». Il émet aussi des grognements et des cris rauques.

ESPÈCES SEMBLABLES: Le Petit Butor, plus petit et plus pâle; le Butor d'Amérique et le Bihoreau à couronne noire, plus grands et de couleurs différentes.

HABITAT: Fréquente surtout les milieux humides où il y a des arbres, des branches ou des troncs à fleur d'eau sur lesquels il se déplace en guettant ses proies. S'observe en bordure de l'eau douce ou salée.

NIDIFICATION: Niche à proximité, mais parfois aussi très loin de l'eau, habituellement en solitaire, dans un arbre ou plus rarement au sol. Le nid consiste en un amas lâche de branchages pouvant être réutilisé année après année.

La femelle pond habituellement quatre ou cinq oeufs à intervalles de 48 heures environ. Les deux parents les couvent pendant quelque 22 jours. Les jeunes, qui ne naissent pas en même temps, peuvent se déplacer hors du nid une semaine après l'éclosion et voler vers la cinquième semaine.

ALIMENTATION: Se nourrit surtout de petits poissons et d'insectes capturés en eau peu profonde, mais aussi d'amphibiens et de couleuvres.

Comme les autres membres de la famille, le Héron vert est particulièrement habile à la pêche à l'affût. Il peut demeurer longtemps immobile, au point d'être confondu avec une branche morte. Il lui arrive de jeter des appâts à l'eau pour attirer ses proies.

Canard branchu

Ordre: Anseriformes
Famille: Anatidae

Aix sponsa
Wood Duck
Canard huppé, canard des bois
(Aïx carolin)

Canard barboteur de la taille de la corneille. Porte une huppe. Longue queue carrée. Mâle brillamment coloré en plumage nuptial.

Taille: 47 cm (43-53 cm)
Poids: 700 g

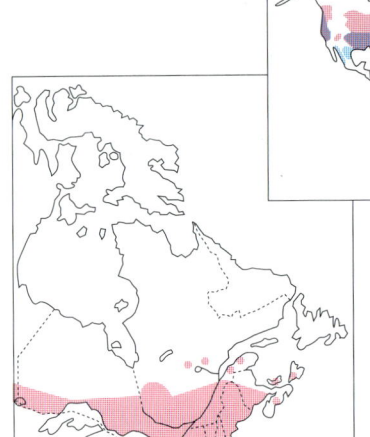

RÉPARTITION: Niche au Canada et aux États-Unis, rarement dans le centre de ces deux pays et plus abondamment à l'est du Mississippi. Hiverne surtout dans le sud des États-Unis mais aussi à Cuba où il s'observe en permanence.

Au Québec, niche jusqu'à la hauteur de Chibougamau (et probablement plus au nord), et s'observe surtout du début avril à la fin octobre.

 DESCRIPTION: Le mâle adulte en plumage nuptial est si brillamment coloré qu'il représente le plus beau canard et l'un des plus beaux oiseaux aux yeux de nombreux observateurs. Il montre du vert à la tête, une gorge blanche, une poitrine brun roux et des flancs chamois vermiculés de noir. Le mâle porte en tout temps une huppe retombante et des marques faciales blanches, et il montre du rouge à l'oeil et au bec. La femelle adulte, au plumage surtout brun et gris, a une tache blanche autour de l'oeil, une petite huppe et la gorge blanche. Son bec est gris foncé. Le mâle en été et au début de l'automne ressemble à la femelle mais garde des reflets à la tête et au manteau. Les juvéniles ont aussi un plumage semblable à celui de la femelle. Ils acquièrent leur plumage adulte plus rapidement que les autres canards, certains l'ayant à peine quatre mois après leur naissance. Les marques faciales des jeunes mâles apparaissent très tôt.

En vol, notez le ventre blanc, la longue queue carrée, le blanc bordant le miroir bleu et le bec légèrement pointé vers le sol. Le Canard branchu flotte haut sur l'eau; sa tête plutôt grosse lui donne une silhouette particulière. Il a l'habitude de bouger la tête en nageant et parfois aussi en vol. Il s'observe souvent perché dans un arbre de bonne taille.

La femelle émet un long cri traînant et nasillard ressemblant à un «ouiic, ouiic, ouiic».

HABITAT: Fréquente surtout les marécages, les plans d'eau bordés d'arbres et les étangs à castors. S'observe aussi dans les champs où il va se nourrir en compagnie du Canard noir et du Canard colvert. En été, affectionne les marécages arbustifs à céphalanthe qui constituent pour lui de bonnes aires d'élevage.

NIDIFICATION: Niche dans les cavités naturelles des arbres ou dans les nichoirs installés à son intention. L'érable argenté, l'érable rouge, le saule noir, l'orme d'Amérique et le frêne noir sont les arbres les plus susceptibles d'accueillir les nids.

La femelle pond de six à quinze oeufs qu'elle couve seule environ 30 jours. Environ 24 heures après l'éclosion, les oisillons grimpent à l'intérieur de la cavité à l'aide de leurs ongles et de leur bec qui porte pendant une brève période une protubérance semblable à un ongle. Ils se laissent tomber au sol sans mal, d'une hauteur dépassant souvent les 6 mètres, pour aller rejoindre la femelle qui les appelle. Celle-ci conduit alors sa famille au marais le plus près. Les jeunes peuvent voler vers l'âge de neuf semaines.

Il est fréquent que plus d'une femelle ponde dans un même nid (nid de dépôt), où le nombre d'oeufs dépasse parfois la vingtaine. Les femelles qui agissent ainsi ont souvent leur propre nid en plus. Les oeufs pondus dans le nid commun sont parfois couvés par une femelle jusqu'à leur éclosion, mais le plus souvent, ils sont abandonnés.

ALIMENTATION: Sauf les premières semaines, pendant lesquelles le caneton se nourrit surtout de larves et de nymphes d'insectes aquatiques, le régime du Canard branchu est essentiellement végétarien (graines de rubanier et de riz sauvage, lenticules d'eau). C'est le canard qui mange le plus de baies et de noix. Il est également friand de glands.

NOTES:

• Habitués à se tenir seuls, en couples ou en très petits groupes, les Canards branchus forment en fin d'été d'importantes volées qui vont dormir ensemble au même endroit.

• Parmi la sauvagine, cette espèce enregistre le plus haut taux de mortalité chez les oiseaux de moins d'un an, compensé par le plus haut taux de reproduction parmi les canards.

• Avant la signature du traité de 1916 entre le Canada et les États-Unis, les conditions dans lesquelles se pratiquait la chasse à la sauvagine (saison de huit mois, limites de prise quasi inexistantes, vente d'oiseaux migrateurs permise) avaient presque entraîné la disparition du Canard branchu. Plus de vingt ans ont dû

s'écouler après l'interdiction de chasser cette espèce pour que sa population augmente de façon sensible.
- L'augmentation du nombre d'étangs à castors consécutive à la diminution de la trappe a également contribué à la remontée de la population de ce canard percheur qui figure aujourd'hui parmi les plus abondants à l'est du Mississippi.

CANARD NOIR

Ordre: Anseriformes
Famille: Anatidae

Anas rubripes
American Black Duck

Canard barboteur plus grand que la corneille. Plumage foncé, dessous des ailes blanc, miroir violacé. Tête et cou plus pâles que le reste du corps.

Taille: 60 cm (53,3-61 cm)
Poids: 1,3 kg

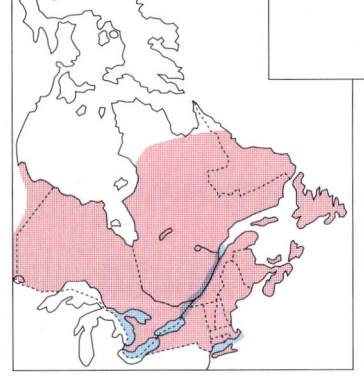

 RÉPARTITION: Niche dans l'est du continent, du Manitoba (rarement plus à l'ouest) aux Maritimes et du Maryland au Labrador. Hiverne au Canada dans les régions où l'eau est libre de glace, jusque dans le sud des États-Unis, mais surtout dans les États de la côte est.

Au Québec, niche partout sauf dans la péninsule d'Ungava, et s'observe toute l'année.

DESCRIPTION: Ce canard barboteur paraît entièrement noir à une certaine distance. En fait, presque tout son plumage est brun foncé sauf le cou et la tête, qui sont plus pâles; la calotte est brun sombre et l'oeil est traversé d'une ligne de même couleur. Les oiseaux des deux sexes sont semblables, sauf pour les marques sur les plumes des côtés de la poitrine. Ces marques (visibles seulement avec l'oiseau en main) forment un U chez le mâle et un V chez la femelle. Par ailleurs, chez les adultes, le bec du mâle est jaune et celui de la femelle plutôt olive marqué de noir, cette différence étant moins facile à voir à la fin de l'été et au début de l'automne. Les juvéniles ont la même coloration que les adultes.

Francis Bélanger

L'observation de vols de Canards noirs révèle que les femelles sont sensiblement plus petites que les mâles, lesquels ont des plumes beiges ou grisâtres caractéristiques sur le dos, près des ailes (scapulaires). En vol, notez aussi le dessous des ailes blanc et le miroir violacé parfois finement bordé de blanc en bas.

ESPÈCE SEMBLABLE: Chez les femelles, le Canard colvert, dont le miroir est liséré de blanc en haut et en bas, et dont la queue et la poitrine sont claires.

HABITAT: Fréquente marécages, tourbières, cours d'eau et marais d'eau douce ou salée. Les habitats qu'il préfère sont ceux dont l'eau est faiblement acide, qui sont bordés d'arbres ou d'arbustes, où la nourriture est abondante et qui comportent une zone peu profonde où poussent des plantes émergentes. À l'automne, l'espèce s'observe aussi dans les champs de céréales, souvent en bandes avec le Canard colvert.

NIDIFICATION: Situé au sec, habituellement près ou même au-dessus de l'eau, dans un champ, sur la fourche d'un arbre inondé ou sous un arbuste, le nid consiste en une coupe de débris végétaux tapissée de duvet.

La femelle pond de six à douze oeufs qu'elle couve seule, habituellement 27 jours (de 23 à 33 jours suivant la température et selon qu'elle est plus ou moins dérangée). Les canetons quittent le nid moins de 24 heures après l'éclosion et peuvent voler vers l'âge de sept semaines.

 ALIMENTATION: Se nourrit de graines, de feuilles et de tiges de plantes aquatiques, et de grains de céréales à l'automne. Les canetons et la femelle au printemps ont un régime riche en protéines animales composé de larves d'insectes, d'escargots et de crustacés. Le Canard noir s'alimente à la surface de l'eau en fouillant dans la végétation avec son bec; pour fouiller au fond de l'eau ou dans les plantes submergées, il bascule vers l'avant, la tête et le cou immergés.

NOTES:
- Le Canard noir ne semble pas tolérer la présence humaine. Sa population se retrouve en bonne partie (dans une proportion de 90 p. 100) sur les plans d'eau de la forêt boréale canadienne, environ 33 p. 100 de toute la population continentale étant originaire du Québec. Le Canard noir compte parmi les trois espèces de canards les plus abondantes dans la forêt boréale, avec le Garrot à oeil d'or et le Grand Bec-scie.
- Selon le US Fish and Wildlife Service, la population de cette espèce aurait cependant chuté de 60 p. 100 de 1955 à 1983. Plusieurs hypothèses ont été avancées pour expliquer ce phénomène, dont la perte d'habitats humides et les dérangements humains plus nombreux surtout dans la partie méridionale de l'aire de reproduction. Cette baisse de la population du Canard noir pourrait aussi être liée à l'augmentation de celle du Canard colvert dans nos régions. Les deux espèces doivent en effet se partager les mêmes territoires de nidification, et les cas d'hybridation sont fréquents. Il n'est pas rare d'observer des couples mixtes dans les régions où les deux espèces se côtoient. La baisse signalée pourrait cependant s'expliquer par une surestimation possible des populations recensées à la fin des années 50.

La chasse, l'usage de pesticides contre la tordeuse des bourgeons d'épinette et l'effet des pluies acides dans les forêts de l'est du continent, où se trouvent les principaux territoires de reproduction du Canard noir, constituent d'autres facteurs à prendre en considération. Les pluies acides, entre autres, nuisent à la croissance des invertébrés dont se nourrissent les canes et les canetons, ce qui n'est pas sans effet sur le taux de reproduction de l'espèce.

Pour remédier à la situation, le Canada et les États-Unis ont réglementé très strictement la chasse au Canard noir, qui demeure néanmoins le canard le plus abondant au Québec, avec une population nicheuse estimée à 400 000 oiseaux et une population migratrice de quelque 1 200 000 individus.

- Tout comme certaines espèces reviennent fidèlement d'année en année aux mêmes territoires de nidification, le Canard noir retourne chaque année aux mêmes quartiers d'hiver.

- Le Canard colvert et le Canard noir pourraient constituer une même espèce dont les membres se seraient différenciés après avoir été isolés les uns des autres pendant la dernière glaciation, une hypothèse étayée par leur taille, leur voix et leur comportement reproducteur semblables.
- La longévité maximale connue chez le Canard noir serait de 19 ans.

Canard colvert

Ordre: Anseriformes
Famille: Anatidae

Anas platyrhynchos
Mallard
Canard malard, tête verte, canard français

Canard barboteur plus grand que la corneille. Miroir bleu violacé bordé de deux lignes blanches. Rectrices latérales pâles.

Taille: 60 cm (50-68,5 cm)
Poids: 1,2 kg

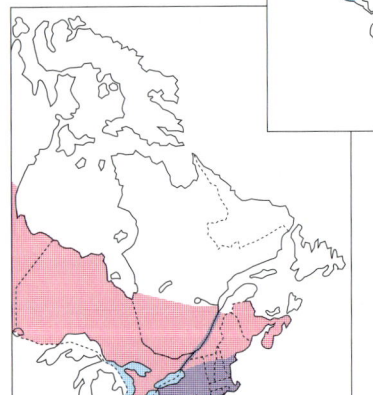

RÉPARTITION: Niche un peu partout en Amérique du Nord, mais plus abondant à l'ouest du Mississippi. Rare dans les Maritimes. Hiverne depuis les régions où l'eau est libre de glace, dans son aire de reproduction, jusque dans le sud des États-Unis, où il est plus souvent observé. Espèce introduite sur une grande échelle, tout comme la Bernache du Canada, dans différentes parties du continent.

Au Québec, niche au moins jusqu'à la hauteur de la baie James (52e parallèle) et s'observe partout plus au sud. Hiverne en petit nombre dans le sud.

DESCRIPTION: Le mâle adulte en plumage nuptial est facilement reconnaissable à sa tête verte, à son collier blanc, à sa poitrine marron et à ses flancs argentés. Son bec est jaune. Ses rectrices centrales sont noires et retroussées. Le dos est brun et gris. La femelle adulte est surtout brunâtre moucheté avec un bec orangé taché de noir. En été et au début de l'automne, le plumage du mâle ressemble à celui de la femelle, mais sa poitrine est plus foncée. Le plumage du juvénile est semblable à celui de la femelle, mais un peu plus terne.

En vol, notez le dessous des ailes blanc crème, le miroir bleu violacé bordé de deux lignes blanches et les rectrices latérales blanches. Les pattes sont orangées. Le battement d'ailes est de bonne amplitude, mais plutôt lent pour un canard.

Scott Nielsen / Canards Illimités

La femelle, plus bruyante que le mâle, émet souvent une série de «couan».

ESPÈCES SEMBLABLES: Chez les femelles, le Canard noir, plus foncé. Son bec est olive taché de noir, et le bas du miroir est parfois bordé d'une mince bande blanche.

Toujours chez les femelles, le Canard chipeau, légèrement plus petit, qui porte un miroir blanc et a les pattes jaunes.

Signalons que le Canard colvert peut se croiser avec plusieurs autres espèces, en particulier le Canard noir, ce qui ne facilite certes pas l'identification.

Michel Quintin

HABITAT: Affectionne particulièrement les milieux d'eau douce. S'observe en grand nombre sur les plans d'eau des régions défrichées (basses terres du Saint-Laurent) plutôt que forestières (Laurentides et Appalaches). S'alimente souvent dans les champs de céréales après la récolte. Contrairement au Canard noir, tolère bien la présence humaine et fréquente toutes sortes d'habitats.

NIDIFICATION: Habituellement installé au sec dans la végétation herbacée, à proximité d'un plan d'eau, le nid est parfois aussi construit au-dessus de l'eau, dans une fourche d'arbre ou un nichoir. Il consiste en une coupe de végétation tapissée de duvet. Le Canard colvert peut nicher dans toutes sortes d'endroits: affût abandonné, gouttières, etc.

La femelle pond une dizaine d'oeufs qu'elle couve seule 28 jours en moyenne. Les jeunes quittent le nid moins de 24 heures après l'éclosion et peuvent voler vers l'âge de huit semaines.

ALIMENTATION: Comme chez beaucoup d'espèces de canards barboteurs, la femelle en période de reproduction et les canetons dans leurs premières semaines se nourrissent essentiellement de larves d'insectes (moustiques, moucherons) et d'escargots, riches en protéines animales. Par la suite, le régime de l'espèce est surtout végétarien.

NOTES:
• Le nom malard ou malart souvent donné à cette espèce désigne en Europe (surtout en Normandie) un canard mâle, sans distinction d'espèce.
• Le Canard colvert est l'ancêtre d'une bonne partie des canards domestiques. Sa domestication en Asie remonte à plusieurs siècles avant Jésus-Christ.

• Le Canard colvert est d'un tempérament sociable. Il s'observe souvent en compagnie du Canard noir à l'est du Mississippi, et en compagnie du Canard pilet à l'ouest de ce fleuve.

• Le Canard colvert demeure le canard le plus abondant en Amérique du Nord, sa population étant estimée à quelque 8 millions d'oiseaux après avoir atteint son niveau le plus bas en 1984. Peu commun dans l'est du continent au début du siècle, il est beaucoup plus fréquent dans nos régions depuis les années 50, phénomène attribuable autant à l'extension naturelle de son aire de reproduction qu'à la remise en liberté de plusieurs milliers d'oiseaux. En fait, c'est plus d'un million d'oiseaux de cette espèce qui auraient été relâchés dans l'Est et autour des Grands Lacs depuis 1935.

• Bien que l'on ait déjà signalé un Canard colvert âgé de 29 ans, peu vivront plus de cinq ans et plusieurs mourront avant leur deuxième année.

Michel Quintin

Canard pilet

Ordre: Anseriformes
Famille: Anatidae

Anas acuta
Northern Pintail
Gris, paille-en-queue

Canard barboteur à l'allure effilée, plus grand que la corneille. Long cou et longue queue, surtout chez le mâle. Bec gris bleu.

Taille: 60 cm (51-76 cm)
Poids: 1 kg

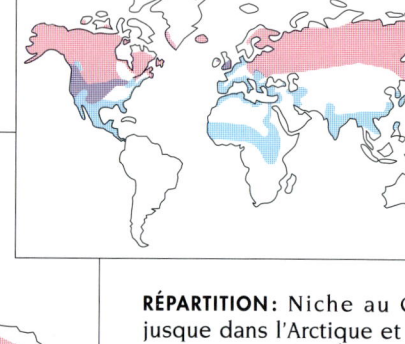

RÉPARTITION: Niche au Canada jusque dans l'Arctique et dans le centre-ouest des États-Unis. Hiverne depuis le sud du Canada jusqu'en Amérique centrale. Les plus grandes concentrations s'observent en été dans les Prairies et en hiver en Californie.

Au Québec, niche partout sauf dans l'extrême nord et hiverne irrégulièrement dans le sud. S'observe en grand nombre vers la fin avril sur la rive nord du lac Saint-Pierre.

 DESCRIPTION: Chez le mâle adulte en plumage nuptial, de novembre à juin environ, les rectrices centrales noires font près du quart de la longueur totale de l'oiseau. Le blanc du dessous et de la poitrine monte en pointe le long du cou et de la tête de couleur brun chocolat. Le dos ainsi que les flancs sont gris vermiculé. La femelle est brunâtre avec le cou et la tête plus pâles, teintés de gris et de cannelle. Le miroir bordé de blanc au bas est brun chez la femelle et vert bronzé chez le mâle. Le mâle et les juvéniles au début de l'automne ont un plumage semblable à celui de la femelle. Le bec est gris bleu.

En vol, notez le long cou et les ailes pointues qui paraissent plus au centre du corps que chez les autres canards.

 HABITAT: S'observe en terrain découvert. Fréquente les plaines d'inondation et les marais (souvent de petite superficie) bordés de plantes émergentes, ainsi que les champs de céréales, pour

Francis Bélanger

s'alimenter. L'hiver, fréquente principalement les eaux saumâtres ou salées des côtes.

NIDIFICATION: Installé à même le sol, ordinairement à moins de 30 mètres de l'eau, mais assez souvent à une distance pouvant atteindre 1 km, le nid consiste en une dépression dans la végétation herbacée de l'année précédente, que la femelle tapisse de duvet au moment de la couvaison.

La femelle pond en moyenne huit oeufs qu'elle couve seule environ 23 jours. Les jeunes quittent le nid moins de 24 heures après l'éclosion et peuvent voler vers l'âge de six à huit semaines.

Le Canard pilet niche un peu partout en terrain découvert, notamment en bordure des routes et dans les champs cultivés. Installé tôt au printemps (fin avril), le nid est souvent mal dissimu-

Installé tôt au printemps (fin avril), le nid est souvent mal dissimulé, ce qui facilite la tâche des prédateurs tels la mouffette, le raton laveur, la corneille et le goéland. Comme chez plusieurs espèces de canards, la femelle dont la couvée est détruite pourra pondre à nouveau, si son état le permet.

ALIMENTATION: Régime essentiellement végétarien. Se nourrit surtout de graines de plantes aquatiques (potamot, renouée, rubanier et scirpe).

NOTES:

• À l'échelle du continent, la population du Canard pilet a atteint son niveau le plus bas en 1989, soit 2,5 millions d'oiseaux de l'espèce comparativement à 7 millions au début des années 70. Cette baisse est attribuable à la sécheresse qui a sévi dans l'Ouest canadien les années précédentes.

• La longévité maximale connue chez cette espèce serait de 26 ans.

Francis Bélanger

CANARD SOUCHET

Ordre: Anseriformes
Famille: Anatidae

Anas clypeata
Northern Shoveler
Sarcelle rameuse

Canard barboteur de la taille de la corneille. Bec énorme en spatule.

Taille: 48 cm (43-53 cm)
Poids: 650 g

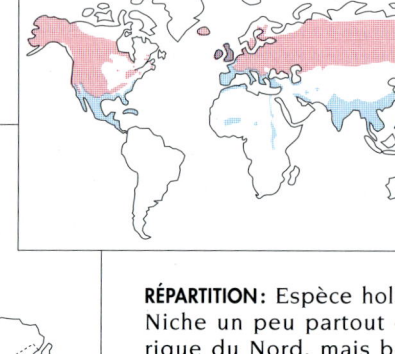

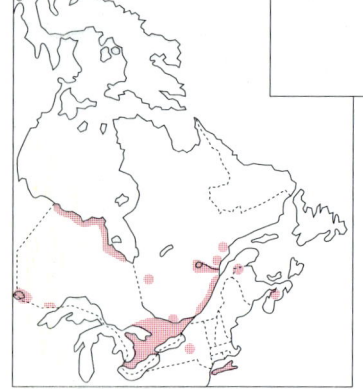

RÉPARTITION: Espèce holarctique. Niche un peu partout en Amérique du Nord, mais beaucoup plus abondant à l'ouest du Mississippi. Sa présence dans l'Est a augmenté faiblement quoique régulièrement depuis 1950 environ. Hiverne principalement en Californie et sur les côtes de la Louisiane, mais aussi dans les Antilles et en Amérique centrale.
Au Québec, niche surtout le long du fleuve Saint-Laurent ainsi qu'en certains autres endroits (Amos, lac Saint-Jean, îles de la Madeleine). S'observe surtout de la mi-avril à la fin octobre.

DESCRIPTION: Ce canard barboteur possède un bec énorme en forme de spatule. Le mâle en plumage nuptial a la tête verte, le bec noir, la poitrine blanche, et le ventre ainsi que les côtés marron. Les épaules sont blanches et le dos est brun. La femelle adulte a un plumage brunâtre et a elle aussi un énorme bec, bordé d'orange. Les juvéniles et le mâle à l'automne ont un plumage semblable à celui de la femelle.
En vol, notez les ailes qui semblent placées loin en arrière et le bec énorme pointant vers le sol et visible de loin.

ESPÈCE SEMBLABLE: Chez les femelles, la Sarcelle à ailes bleues, qui a un petit bec grisâtre et dont les ailes ont la même coloration.

HABITAT: Fréquente les étendues d'eau peu profondes situées en terrain découvert et bordées de plantes émergentes. En migration et en hiver, fréquente aussi les eaux salées ou saumâtres.

NIDIFICATION: Le nid est aménagé à même le sol, près de l'eau mais au sec, dans la végétation herbacée résiduelle de l'année précédente. Il consiste en un bol composé de végétaux, tapissé de quelques plumes et de duvet.

La femelle pond une dizaine d'oeufs qu'elle couve seule de 22 à 25 jours. Les jeunes quittent le nid moins de 24 heures après l'éclosion. Ils ont déjà un grand bec vers la deuxième semaine, et peuvent voler vers l'âge de huit semaines.

ALIMENTATION: Se nourrit essentiellement de graines de plantes, de lenticules d'eau et d'algues en filtrant l'eau à travers les lamelles de son bec. Se nourrit parfois aussi de mollusques (escargots), d'insectes et de petits poissons, de même que de phytoplancton et de zooplancton.

NOTES:
- Bien que tous les canards barboteurs se nourrissent en partie en filtrant l'eau avec leur bec pour retenir les graines ou les invertébrés, ce mode d'alimentation est caractéristique du Canard souchet qui a l'avantage de posséder un bec doublant de largeur de la base à son extrémité, muni de lamelles très développées. Les oiseaux de l'espèce ont l'habitude de se nourrir en petits groupes en brassant le fond ou en fouillant à la surface de l'eau.
- Le Canard souchet occupe au printemps un territoire bien délimité dont il chasse les autres canards.
- On croit que cette espèce pourrait vivre jusqu'à 16 ans.

Canard chipeau

Ordre: Anseriformes
Famille: Anatidae

Anas strepera
Gadwall

Canard barboteur de la taille de la corneille. Plumage terne. Miroir blanc.

Taille: 51 cm (45,7-55,8 cm)
Poids: 900 g

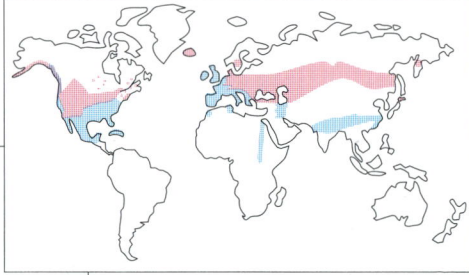

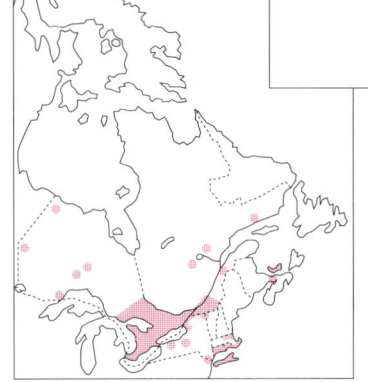

RÉPARTITION: Niche en Alaska, dans le centre du Canada et des États-Unis, et par endroits dans l'Est, notamment en Ontario, au Québec et dans les provinces maritimes. Hiverne aux États-Unis et jusqu'au Mexique.

Au Québec, niche principalement le long du fleuve Saint-Laurent, en particulier dans les îles de Contrecoeur, et plus rarement ailleurs. Niche aussi aux îles de la Madeleine. S'observe surtout entre la fin avril et la fin octobre.

DESCRIPTION: Ce canard barboteur porte un miroir blanc. Le mâle adulte en plumage nuptial est surtout gris, avec la tête et le cou brun pâle. Le bec est gris. Le derrière du corps est noir, la queue est brun gris et il y a une bande marron sur le dessus de l'aile. La femelle adulte a un plumage brun, un bec grisâtre aux bords orangés, et une queue foncée. À l'automne, le mâle et les juvéniles ont un plumage semblable à celui de la femelle.

ESPÈCE SEMBLABLE: La femelle du Canard colvert, dont celle du Canard chipeau se distingue surtout par son miroir blanc et sa queue foncée.

HABITAT: Fréquente les marais et les lacs abondamment bordés de plantes émergentes. S'observe surtout en milieux d'eau douce, plus rarement d'eau saumâtre ou salée.

NIDIFICATION: Situé près de l'eau, le nid est installé au sec dans la végétation herbacée. Il consiste en une dépression à même le sol tapissée de plantes, de duvet et de quelques plumes.

La femelle couve seule une dizaine d'oeufs pendant 26 jours environ. Les jeunes quittent le nid moins de 24 heures après l'éclosion et peuvent voler à l'âge de sept ou huit semaines.

L'habitude qu'a le Canard chipeau de nicher relativement tard, au début juin, lui assure un excellent taux de reproduction, de l'ordre de 90 p. 100 (comparativement à 50 p. 100 au plus pour les autres canards). À cette époque, les pertes sont moins grandes parce que la croissance de la végétation est déjà avancée et dissimule mieux les nids. Les prédateurs (mouffette, raton laveur, renard, etc.) trouvent aussi plus facilement à se nourrir. Cependant, en raison de cette ponte tardive, des canetons qui ne peuvent pas encore voler sont souvent abandonnés par la femelle qui se retire dans un marais tranquille pour compléter sa mue avant l'automne. Signalons que le taux de mortalité des canetons n'est pas pour autant plus élevé chez cette espèce.

ALIMENTATION: Régime essentiellement végétarien. Se nourrit de tiges et de feuilles de plantes (comme le potamot), plutôt que de graines. S'alimente fréquemment en eau libre et plonge plus souvent que les autres canards barboteurs.

NOTES:
• La population du Canard chipeau est en croissance sur le continent et son aire de nidification s'est étendue vers l'est depuis les années 60. L'espèce s'observe au Québec surtout depuis les années 70.
• Le Canard chipeau est souvent vu en compagnie du Canard siffleur d'Amérique.
• La longévité maximale connue chez le Canard chipeau serait de 11 ans.

CANARD SIFFLEUR D'AMÉRIQUE

Ordre : Anseriformes
Famille : Anatidae

Anas americana
American Wigeon
(Canard jansen)

Canard barboteur de la taille de la corneille. Miroir vert avec du blanc au-dessus. Bec bleu gris au bout noir. Doux sifflements chez le mâle.

Taille : 48 cm (46-56 cm)
Poids : 800 g

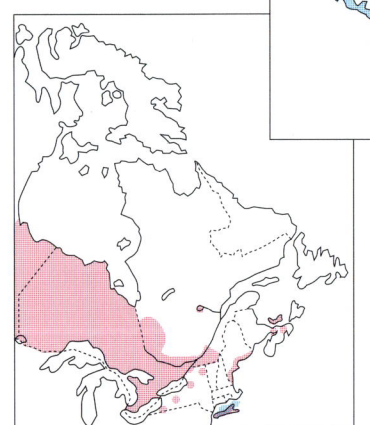

RÉPARTITION : Niche au Canada dans la toundra et plus au sud, et aux États-Unis à l'ouest du Mississippi, y compris en Alaska. Abondant dans l'Ouest canadien, il se répand dans l'Est depuis une trentaine d'années. Hiverne le long des côtes américaines jusqu'en Amérique centrale, avec une concentration particulière en Californie et en Louisiane.

Au Québec, niche jusqu'à la hauteur de Chibougamau (50e parallèle) et s'observe surtout entre le début avril et la fin novembre.

DESCRIPTION : La tête et le cou sont plus pâles que le reste du corps. Le bec grisâtre au bout noir est plutôt court. Le mâle adulte en plumage nuptial porte un masque vert. Son front et le sommet de sa tête sont blanc crème. La poitrine et les flancs sont brun roux. Le dos est brun gris liséré de noir. La femelle a le cou et la tête finement picotés de gris, contrastant avec le reste du plumage qui est brunâtre. Le mâle et les juvéniles au début de l'automne portent un plumage semblable à celui de la femelle.

En vol, notez la queue légèrement effilée, le ventre blanc et la tache blanche sur l'aile, au-dessus du miroir vert, plus importante chez le mâle que chez la femelle.

Le mâle émet, en vol ou sur l'eau, de doux sifflements par groupes de deux ou trois.

ESPÈCE SEMBLABLE : Le Canard siffleur d'Europe (*Anas penelope*), rarement observé, dont la tête et le cou, chez le mâle, sont d'un

brun roux et les flancs grisâtres. La femelle de cette espèce est presque identique à celle du Canard siffleur d'Amérique, dont le dessous des ailes est plus pâle.

HABITAT: Fréquente différents milieux humides le long du Saint-Laurent et ailleurs, mais de préférence dans les régions déboisées. En migration et en hiver, fréquente aussi les marais saumâtres. S'observe parfois l'automne dans les champs de céréales.

NIDIFICATION: Le nid est installé au sec dans la végétation herbacée, sur une île ou sur la terre ferme, parfois à plus de 400 mètres de l'eau. Il consiste en un bol composé de végétaux et tapissé de duvet.

La femelle pond une dizaine d'oeufs qu'elle couve seule 24 ou 25 jours. Les jeunes peuvent voler vers la septième semaine.

ALIMENTATION: Régime essentiellement végétarien. Se nourrit de feuilles et de tiges plutôt que de graines. Il lui arrive d'aller «brouter» dans des champs de trèfle. Des invertébrés entrent aussi dans son alimentation.

NOTES:
- En migration et dans ses quartiers d'hiver, ce canard a la particularité de se tenir avec des groupes de morillons à qui il vole la nourriture que ceux-ci vont cueillir dans l'eau en plongeant. Pour compenser, il jouerait un rôle de vigie à la surface pour les morillons.
- Cette espèce est souvent observée en compagnie du Canard chipeau.
- On croit que le Canard siffleur d'Amérique pourrait vivre jusqu'à neuf ans.

MORILLON À DOS BLANC

Ordre: Anseriformes
Famille: Anatidae

Aythya valisineria
Canvasback

Canard plongeur plus grand que la corneille, au front fuyant et au bec noirâtre. Cou et tête foncés tranchant avec le dos et les côtés plus pâles.

Taille: 55 cm (48-66 cm)
Poids: 1,3 kg

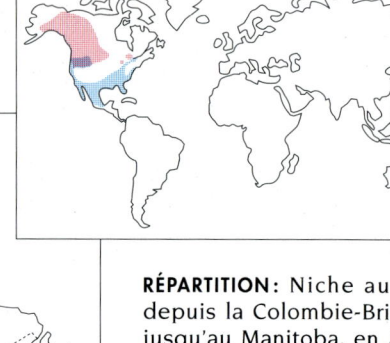

RÉPARTITION: Niche au Canada depuis la Colombie-Britannique jusqu'au Manitoba, en Alaska et dans quelques États du centre des États-Unis. Niche par endroits dans le sud de l'Ontario. Hiverne aux États-Unis, principalement dans les grandes baies de la côte est.

Au Québec, s'observe surtout dans le sud entre la fin février et le début mai, puis à l'automne, de la mi-octobre à décembre.

DESCRIPTION: Ce canard a le front fuyant et le bec noirâtre. Le mâle adulte en plumage nuptial a la tête et le cou rouges, la poitrine noire, et le dos ainsi que les côtés blancs. En été et au début de l'automne, le plumage du mâle est plus grisâtre. La femelle adulte et les juvéniles à leur premier automne ont la tête, la poitrine et le cou bruns, et le dos de même que les côtés grisâtres.

En vol, notez l'allure effilée, les battements d'ailes rapides et la prédominance du blanc chez le mâle.

ESPÈCE SEMBLABLE: Le mâle du Morillon à tête rouge, qui a la tête de la même couleur, mais de forme ronde, et un bec gris bleu au bout noir. Le plumage du dos et des côtés est plus foncé.

HABITAT: En période de reproduction, fréquente les lacs et marais assez profonds (de 2 à 5 mètres) entourés d'une bonne ceinture de plantes émergentes. En migration, s'observe sur les grands lacs aux herbiers abondants. Passe l'hiver surtout dans les estuaires saumâtres.

NIDIFICATION: Le nid consiste en une coupe de plantes tapissée de duvet. Il est installé au-dessus de l'eau dans la végétation émergente.

La femelle pond une dizaine d'oeufs qu'elle couve seule 24 jours en moyenne. Les jeunes quittent le nid moins de 24 heures après l'éclosion et prennent leur envol vers la septième semaine.

La femelle du Morillon à tête rouge pond parfois dans le nid de la femelle du Morillon à dos blanc, ce qui peut causer l'abandon et la mort de la couvée.

ALIMENTATION: Se nourrit des parties submergées de plantes telles que le potamot et la vallisnérie. Mange aussi des insectes aquatiques et des mollusques.

NOTES:
- Chronométré à 100 km/h, le Morillon à dos blanc est reconnu comme l'un des canards les plus rapides.
- L'importante baisse de sa population est attribuable à la chasse pratiquée à outrance au début du siècle ainsi qu'à la dégradation des aires de reproduction et des quartiers d'hiver.
- On croit que cette espèce pourrait vivre jusqu'à 14 ans.

MORILLON À TÊTE ROUGE

Ordre : Anseriformes
Famille : Anatidae

Aythya americana
Redhead
Cou rouge

Canard plongeur de la taille de la corneille. Poitrine foncée, tête ronde de couleur rouge brique chez le mâle en plumage nuptial. Bec gris bleu avec le bout noir. Dessus des ailes foncé avec miroir grisâtre.

Taille : 50 cm (43-58 cm)
Poids : 1,1 kg

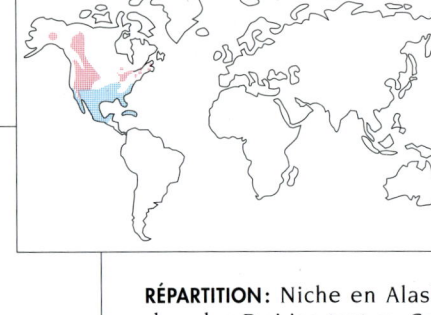

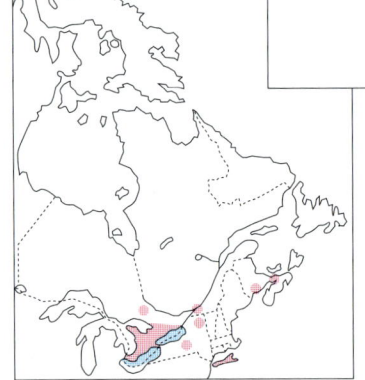

RÉPARTITION : Niche en Alaska et dans les Prairies tant au Canada qu'aux États-Unis. Niche en petit nombre dans l'est du Canada. Hiverne principalement dans le golfe du Mexique, depuis les États-Unis jusqu'au Yucatan.

Au Québec, niche en petit nombre dans le sud-ouest (lacs Saint-François et Saint-Pierre) et s'observe ailleurs à l'époque des migrations (de la mi-mars à la mi-mai et de septembre à décembre).

DESCRIPTION : Chez le mâle adulte en plumage nuptial, la tête ronde et le haut du cou sont rouge brique, la poitrine est noire, le corps est gris et le bec est gris bleu avec le bout noir précédé d'une barre blanche. La femelle adulte est toute brune sauf pour une région pâle aux joues et à la gorge. Le bec est de la même couleur que celui du mâle. À l'automne, les juvéniles ont un plumage semblable à celui de la femelle. En été et au début de l'automne, le mâle ressemble à la femelle mais sa poitrine est noirâtre et sa tête brun rouge.

En vol, notez le miroir grisâtre sur le dessus foncé de l'aile.

ESPÈCES SEMBLABLES : Chez les mâles en plumage nuptial, le Morillon à dos blanc, qui a aussi la tête rouge. Son front fuyant lui donne cependant une silhouette caractéristique. De plus, son bec est foncé et le plumage de son dos et de ses côtés est plus pâle.

La femelle du Morillon à collier, dont le blanc à la base du bec et autour de l'oeil est plus prononcé et qui a la tête moins ronde.

HABITAT: En période de reproduction, fréquente principalement les marais d'eau douce d'une profondeur de 2 à 5 mètres, bordés de végétation émergente. En migration et pendant l'hiver, s'observe sur les grands lacs peu profonds et les plans d'eau saumâtre.

NIDIFICATION: Le nid est habituellement installé au-dessus de l'eau, parmi la végétation émergente, et plus rarement sur la terre ferme à proximité de l'eau. Il consiste en une dépression tapissée de végétaux et de duvet.

La femelle couve seule une dizaine d'oeufs pendant 24 à 28 jours. Les jeunes quittent le nid moins de 30 heures après l'éclosion et peuvent voler vers la neuvième ou la dixième semaine.

En plus des oeufs qu'elle couve, la femelle a l'habitude d'en déposer d'autres dans le nid d'une autre cane, parfois d'une espèce différente. La femelle ainsi «parasitée» peut en venir à déserter son nid, ce que fait souvent celle du Morillon à dos blanc.

ALIMENTATION : Régime plus végétarien que celui des autres canards plongeurs. Se nourrit de tiges, de feuilles, de rhizomes et de racines de plantes submergées (potamot, vallisnérie, etc.), qu'il trouve habituellement en plongeant dans moins de 4 mètres d'eau. Des mollusques et d'autres invertébrés complètent son alimentation.

S'alimente parfois à la façon des canards barboteurs, soit en basculant le corps qui reste émergé pendant qu'il fouille sous l'eau avec son bec.

NOTES :

- Après avoir enregistré une première baisse au début du siècle, la population du Morillon à tête rouge et celle du Morillon à dos blanc s'étaient quelque peu rétablies entre les années 30 et les années 50, pour connaître ensuite une nouvelle baisse probablement attribuable à une mortalité annuelle élevée, à la faible proportion des femelles dans la population, au faible taux de reproduction et à la détérioration des territoires de reproduction et des quartiers d'hiver. La chasse à ces deux espèces est strictement réglementée aux États-Unis et dans plusieurs provinces canadiennes.
- Environ 10 p. 100 de la population du Morillon à tête rouge et 50 p. 100 de celle du Morillon à dos blanc migrent d'ouest en est, quittant les Prairies pour se diriger vers la côte de l'Atlantique (baie de Chesapeake au Maryland et Currituck Sound en Caroline du Nord).
- La population nicheuse d'une centaine de couples de Morillons à tête rouge du lac Saint-François, dont on ne connaît pas vraiment l'origine, semble stable depuis plusieurs années.
- La longévité maximale connue chez cette espèce serait de 16 ans.

MORILLON À COLLIER

Ordre: Anseriformes
Famille: Anatidae

Aythya collaris
Ring-necked Duck
Cendré de baie, bluebill de baie
(Fuligule à bec cerclé)

Canard plongeur de la taille de la corneille. Tête anguleuse. Bec bleu gris cerclé de blanc près du bout. Dessus des ailes foncé avec une bande grise.

Taille: 43 cm (38-46 cm)
Poids: 700 g

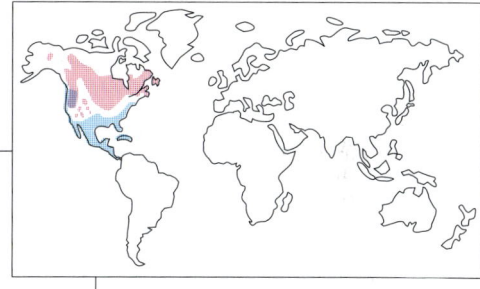

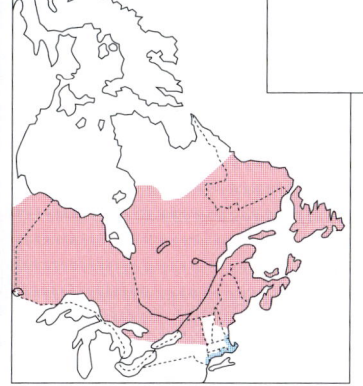

RÉPARTITION: Niche au Canada et dans le nord des États-Unis. Hiverne sur les côtes américaines, surtout en Louisiane et en Floride, ainsi qu'aux Antilles.

Au Québec, niche jusqu'à la limite des arbres. Plus fréquent sur les lacs des Appalaches que sur ceux des Laurentides. S'observe surtout du début avril jusqu'en décembre.

DESCRIPTION: Le mâle adulte en plumage nuptial a le dos noir et des flancs gris pâle traversés d'une barre verticale blanche qui tranche avec la poitrine sombre. Sa tête est foncée avec des reflets violacés, et les plumes relevées sur le sommet lui donnent une forme pointue caractéristique. Le collier brun roux du mâle à la base du cou, d'où l'espèce tire son nom, n'est visible que dans d'excellentes conditions d'observation. La femelle est brune et montre du blanc délavé à la gorge, aux joues et derrière l'oeil. Les juvéniles et le mâle à l'été et au début de l'automne sont semblables à la femelle. L'espèce a un bec gris bleu, barré de blanc à sa base et près de l'onglet noir.

En vol, notez les bandes alaires grises et le plumage foncé de la tête et de la poitrine qui tranche avec le ventre plus pâle, comme chez les autres morillons. Le battement d'ailes est rapide et peu prononcé. Lorsqu'un groupe de ces oiseaux fend l'air avant de se poser sur l'eau, on dirait presque le bruit d'un avion à réaction.

Contrairement à la majorité des canards plongeurs, le Morillon à collier peut s'envoler presque à la verticale.

ESPÈCE SEMBLABLE: Chez les femelles, celle du Morillon à tête rouge. La tête est plus ronde et le blanc à la base du bec et autour de l'oeil est moins prononcé. Cette espèce est beaucoup moins abondante dans l'Est.

HABITAT: Quelle que soit la saison, s'observe surtout sur les marais et marécages d'eau douce souvent acide (tourbières, étangs à castors). Il s'agit habituellement de plans d'eau peu profonde, de petite superficie, dont la rive est sinueuse et bordée d'une végétation abondante. En hiver, fréquente les rivières, les grands lacs et les eaux saumâtres mais rarement l'eau salée.

NIDIFICATION: Le nid est situé tout près et souvent au-dessus de l'eau, par exemple à la base d'un arbuste (comme une spirée, un lédon du Groenland ou un myrique baumier) ou sur un amas flottant de plantes. Il consiste en une dépression tapissée de débris végétaux et de duvet.

La femelle pond habituellement neuf oeufs qu'elle couve seule de 25 à 29 jours. C'est elle qui accompagne les jeunes, quand ceux-ci quittent le nid moins de 24 heures après l'éclosion, jusqu'à leur envol vers la huitième semaine.

ALIMENTATION: Se nourrit surtout de plantes, mais également d'invertébrés et, plus rarement, de petits poissons. Affectionne particulièrement la tige, les feuilles, les graines et les racines des potamots. S'alimente le plus souvent dans moins de 2 mètres d'eau.

NOTES:

- Peu nombreuse à l'est des Prairies au début du siècle, la population du Morillon à collier a sensiblement augmenté dans nos régions après les années 30. Ce canard s'observe aujourd'hui couramment dans nos régions forestières, où il fréquente les mêmes habitats que le Canard noir et le Garrot à oeil d'or.
- L'habitude qu'a le Morillon à collier de chercher sa nourriture en fouillant le fond des marais peut lui être fatale; les plombs de chasse qu'il risque ainsi d'avaler causent en effet le saturnisme, ou l'intoxication au plomb.
- On croit que cet oiseau pourrait vivre jusqu'à 10 ans.

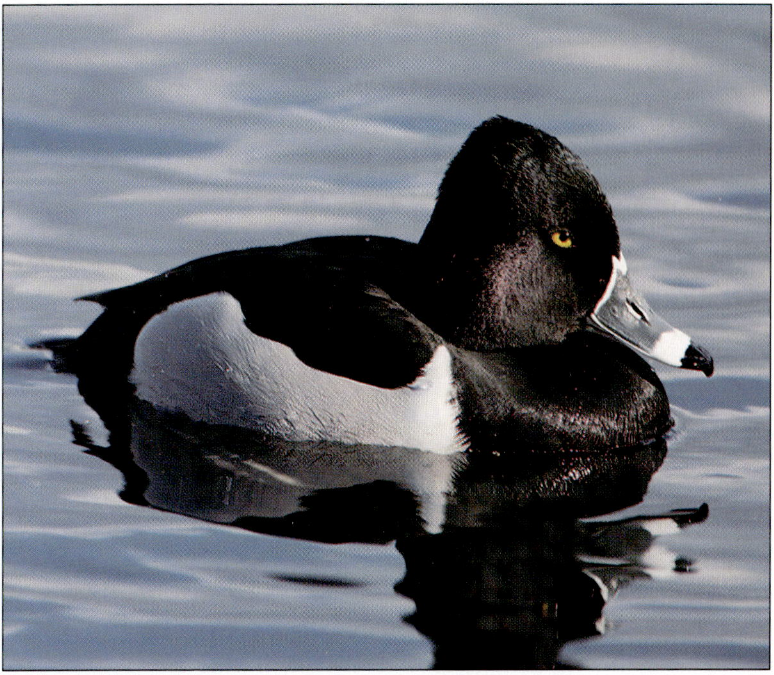
Denis Faucher

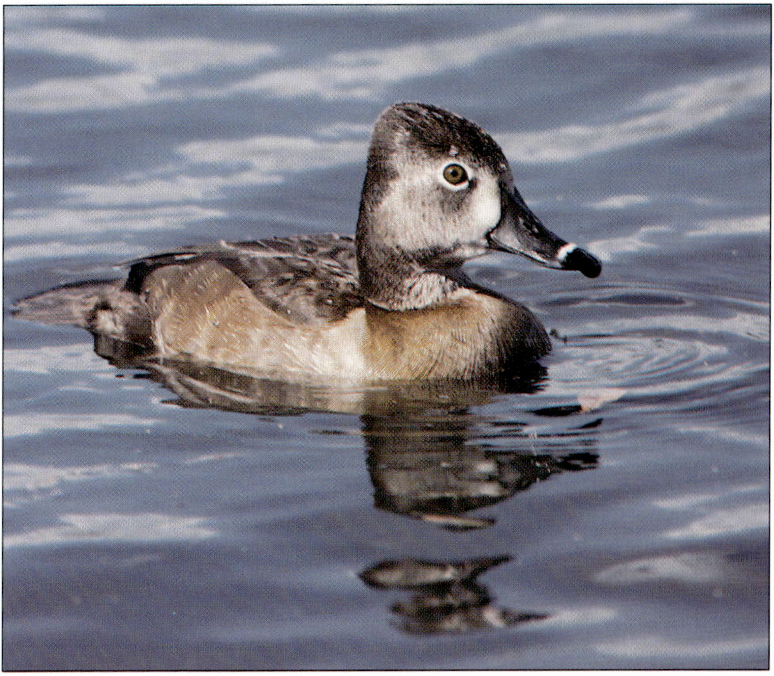
Denis Faucher

GRAND MORILLON

Ordre: Anseriformes
Famille: Anatidae

Aythya marila
Greater Scaup
Bluebill, cendré, fale noire
(Fuligule milouinan)

Canard plongeur de la taille de la corneille. Tête et poitrine noires, côtés et ventre pâles. Bec bleu. Dessus des ailes foncé avec une bande blanche s'étendant jusqu'aux primaires.

Taille: 46 cm (43-53 cm)
Poids: 1 kg

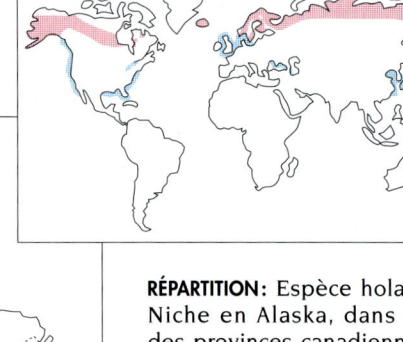

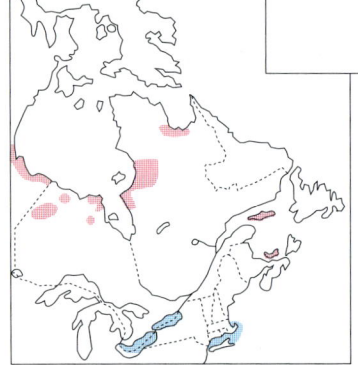

RÉPARTITION: Espèce holarctique. Niche en Alaska, dans le nord des provinces canadiennes mais rarement dans les Maritimes. Hiverne en bordure des Grands Lacs ainsi que sur les côtes est et ouest des États-Unis et sur celle du golfe du Mexique.

Au Québec, niche en petit nombre dans le nord de la province, à l'île d'Anticosti et aux îles de la Madeleine. S'observe plus au sud surtout de la fin mars à la fin décembre.

DESCRIPTION: Ce canard plongeur à la tête arrondie a le bec bleu, la tête et la poitrine noires, et les côtés ainsi que le ventre pâles. Le mâle en plumage nuptial a la tête noire avec des reflets verdâtres. En été et au début de l'automne, son plumage devient plus terne, et ses flancs blancs sont lavés de brun. La femelle est surtout brune, avec une région blanche devant les yeux. Les juvéniles à l'automne ressemblent à la femelle, mais la région blanche de la face n'est pas bien définie.

En vol, notez le dessus des ailes foncé avec une bande blanche s'étendant jusqu'aux primaires.

ESPÈCE SEMBLABLE: Le Petit Morillon, dont la bande blanche sur l'aile se limite aux rémiges secondaires. Le mâle a des reflets violacés à la tête, qui est plus anguleuse.

HABITAT: Niche en bordure des lacs, étangs et rivières à débit lent de la taïga et du muskeg. En migration et en hiver, s'observe sur les grands lacs et rivières et dans les baies d'eau saumâtre ou salée.

NIDIFICATION: Aménagé à même le sol, en bordure ou au-dessus de l'eau dans les plantes émergentes, le nid consiste en une coupe de végétation tapissée de matériaux fins, de plumes et de duvet.

La femelle y pond de huit à dix oeufs qu'elle couve seule de 23 à 27 jours. Les jeunes quittent rapidement le nid et peuvent voler environ 40 jours après l'éclosion. La femelle dépose parfois des oeufs dans le nid d'une autre cane.

ALIMENTATION: Se nourrit d'invertébrés aquatiques (mollusques, crevettes d'eau douce, larves d'insectes) qu'il attrape en plongeant, ainsi que de plantes (notamment de graines de potamot).

NOTES:
- Des cinq espèces de morillons présentes en Amérique, c'est la seule à nicher des deux côtés de l'Atlantique. (En Europe, les morillons s'appellent fuligules.)
- À l'automne et en hiver, on voit souvent des bandes de plusieurs milliers de Grands Morillons qui se laissent flotter au large des grands plans d'eau.
- Le Grand Morillon migre souvent sur de longues distances, certains oiseaux de l'espèce se reproduisant en Alaska et passant l'hiver sur la côte est américaine.
- La longévité maximale connue chez cette espèce serait de 13 ans.

Petit Morillon

Ordre: Anseriformes
Famille: Anatidae

Aythya affinis
Lesser Scaup
Bluebill, cendré, fale noire

Canard plongeur de la taille de la corneille. Tête anguleuse. Bec bleu. Dessus des ailes foncé avec une bande blanche jusqu'au poignet.

Taille: 42 cm (38-45,5 cm)
Poids: 800 g

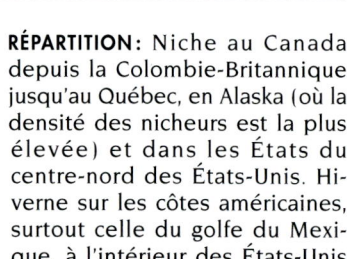

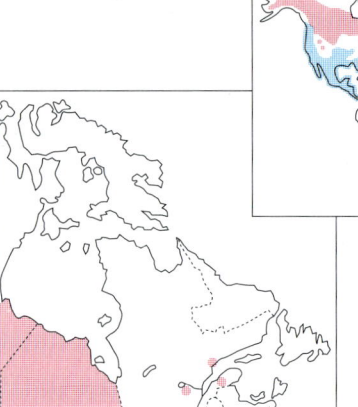

RÉPARTITION: Niche au Canada depuis la Colombie-Britannique jusqu'au Québec, en Alaska (où la densité des nicheurs est la plus élevée) et dans les États du centre-nord des États-Unis. Hiverne sur les côtes américaines, surtout celle du golfe du Mexique, à l'intérieur des États-Unis et jusqu'au Panama.

Au Québec, niche par endroits et s'observe dans la région de Montréal en grand nombre entre la mi-octobre et la fin novembre, et en plus petit nombre au printemps, entre la mi-avril et la mi-mai.

 DESCRIPTION: Ce canard plongeur de taille moyenne a un devant noir qui tranche avec le ventre blanc, une tête anguleuse et un bec bleu. Le dessus des ailes foncé est traversé d'une bande blanche jusqu'au poignet. Le mâle adulte au printemps a la tête noire avec des reflets pourpres visibles seulement dans une lumière assez vive. La poitrine et le cou sont aussi noirs, les flancs blancs sont légèrement rayés et le dos est gris vermiculé. La femelle a un plumage surtout brun sauf pour une région blanche entre l'oeil et le bec, et le ventre blanc. Les juvéniles et le mâle en été et au début de l'automne ont un plumage semblable à celui de la femelle.

Le battement d'ailes est rapide et peu prononcé, les ailes semblant posées à l'arrière du corps. Le Petit Morillon s'observe surtout en bandes à l'époque des migrations.

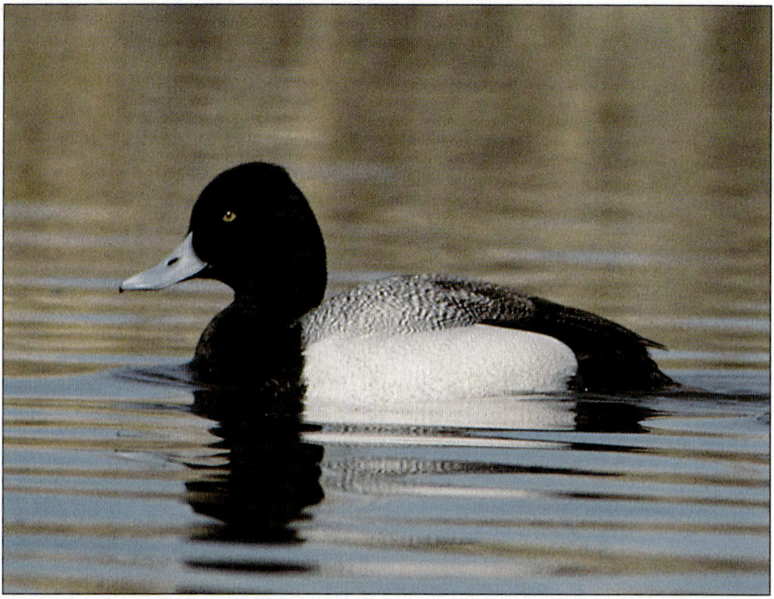

Guy C. Fontaine

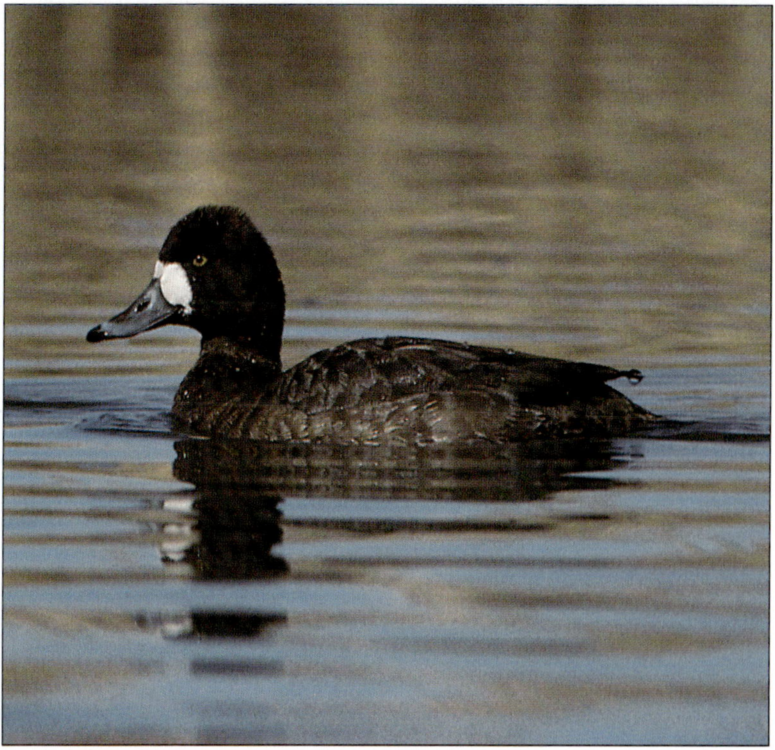

Guy C. Fontaine

ESPÈCE SEMBLABLE: Le Grand Morillon, observé aussi fréquemment dans nos régions en compagnie de son cousin, dont il se différencie par sa taille un peu plus grande, sa tête bien ronde plutôt qu'anguleuse, une région blanche plus étendue sur l'aile et les reflets verdâtres sur la tête du mâle. Il faut jouir de bonnes conditions d'observation pour pouvoir différencier les deux espèces.

HABITAT: Niche en bordure de toutes sortes de milieux humides comportant une zone d'eau profonde (plus de 2 mètres). En migration et en hiver, fréquente les grands lacs et les baies côtières. Fréquente souvent des plans d'eau plus abrités que ceux auxquels le Grand Morillon accorde sa préférence.

NIDIFICATION: Le nid est au sec, à proximité et plus rarement au-dessus de l'eau. Il consiste en une dépression à même la végétation résiduelle, tapissée d'herbes et d'un peu de duvet.

La femelle pond une dizaine d'oeufs qu'elle couve seule de 23 à 26 jours. Les jeunes peuvent voler vers la septième semaine. Plusieurs couvées sont parfois surveillées par une ou plusieurs femelles.

Si quelques oiseaux de l'espèce se reproduisent dès la première année et un peu plus la deuxième année, c'est surtout la troisième année que la majorité d'entre eux le font.

ALIMENTATION: Se nourrit d'invertébrés (crustacés, escargots et autres mollusques) et de plantes (graines de potamot, riz sauvage et rubanier).

NOTES:
- Les grands rassemblements de morillons à l'automne sur le fleuve, en particulier sur le lac des Deux-Montagnes et sur les lacs Saint-François, Saint-Louis et Saint-Pierre, offrent un spectacle impressionnant. Les milliers d'oiseaux alors observés représentent quatre des cinq espèces de morillons, le Morillon à collier se joignant rarement à ces grands rassemblements.
- On croit que le Petit Morillon pourrait vivre jusqu'à 10 ans.

CANARD KAKAWI

Ordre: Anseriformes
Famille: Anatidae

Clangula hyemalis
Oldsquaw
Cacaouite, pilet de mer, commère de mer, cacaoui
(Harelde)

Canard plongeur de la taille de la corneille. Plumage surtout blanc contrastant avec les ailes foncées en migration d'automne. Longue queue caractéristique chez le mâle.

Taille: 50 cm (43-59 cm)
Poids: 900 g

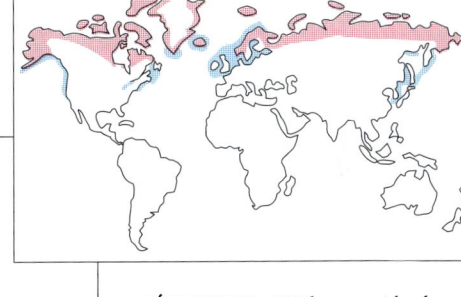

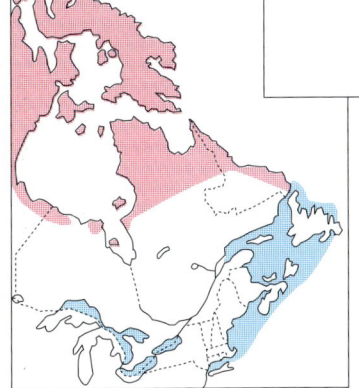

RÉPARTITION: Niche en Alaska, et au Canada à la hauteur de la baie d'Hudson (55e parallèle) et plus au nord. Hiverne surtout le long des côtes de l'Atlantique jusqu'en Caroline du Sud, et sur les Grands Lacs.

Au Québec, niche dans l'extrême nord de la province. S'observe tout le long du fleuve Saint-Laurent à l'automne (de la mi-octobre à la mi-décembre), et surtout dans sa partie saumâtre ou salée au printemps.

 DESCRIPTION: Chez les oiseaux des deux sexes, le bec est court et les ailes sont foncées. Pour le reste, le mâle et la femelle n'ont pas le même plumage, qui change par ailleurs beaucoup entre l'hiver et l'été. Quelle que soit la saison, le mâle a une queue aux plumes centrales très longues ressemblant à la queue du Canard pilet, et un bec dont la partie centrale est rose. À son passage dans nos régions à la fin de l'automne, son plumage est surtout blanc avec une tache foncée derrière l'oeil, et sa poitrine est noire. Au printemps et en été, cette coloration est presque inversée, le plumage devenant surtout foncé avec une grande tache pâle autour de l'oeil. Le plumage de la femelle varie moins. Presque tout blancs en hiver, la tête et le cou sont plus foncés au printemps et en été, le reste du plumage demeurant brun gris, sauf le ventre qui est blanchâtre. Les juvéniles ont un plumage semblable à celui de la femelle en hiver. Ils acquièrent leur plumage adulte à leur deuxième année.

En vol, à l'automne, c'est le seul canard au devant et au dessous blancs avec des ailes entièrement foncées. Notez ses battements d'ailes amples et rapides, et son habitude de tourner parfois sur lui-même en laissant voir son dessous blanc. Le Canard kakawi vole habituellement très près de la surface de l'eau.

Au printemps, le mâle émet une série de sons rappelant vaguement l'aboiement d'un chien. Ce canard, l'un des plus bruyants, s'entend parfois avant d'être vu, le cri du mâle portant très loin.

HABITAT : En période de nidification, fréquente les étangs et les lacs de la toundra, ainsi que les côtes. En migration et pendant l'hiver, s'observe surtout près de l'eau salée et sur les grands plans d'eau douce.

NIDIFICATION : Aménagé à même le sol, près de l'eau, le nid est dissimulé dans la végétation herbacée ou arbustive. Il consiste en une dépression tapissée de végétation, de duvet et de plumes.

La femelle pond habituellement sept oeufs qu'elle couve 26 jours environ. Les jeunes de couvées différentes sont souvent regroupés sous la surveillance d'une ou plusieurs femelles. Ils quittent le nid moins de 24 heures après l'éclosion et peuvent voler vers la cinquième semaine.

ALIMENTATION : Se nourrit essentiellement de crustacés et de mollusques qu'il va chercher en plongeant, souvent dans plus de 10 mètres d'eau.

NOTE :

• Le Canard kakawi se prend parfois dans les filets des pêcheurs des Grands Lacs, à des profondeurs atteignant 60 mètres. En 1946, 27 000 oiseaux ont été ainsi capturés accidentellement en huit semaines de pêche.

Macreuse à bec jaune

Ordre: Anseriformes
Famille: Anatidae

Melanitta nigra
Black Scoter
Brassekèse, sourd, sac à plomb, briseux de mer, gibier noir, béjaune (Macreuse noire)

Canard plongeur de la taille de la corneille. Plumage très sombre et bec foncé portant une protubérance jaune chez le mâle. Face pâle constrastant avec la calotte noirâtre chez la femelle.

Taille: 48 cm (43-54 cm)
Poids: 1 kg

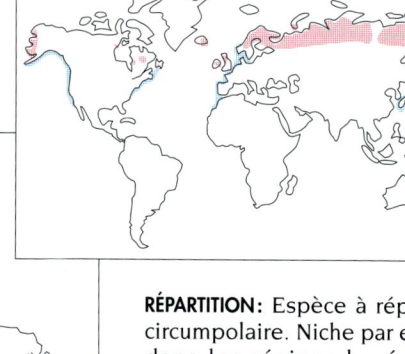

RÉPARTITION: Espèce à répartition circumpolaire. Niche par endroits dans les régions boréales du Canada et en Alaska. Hiverne sur les côtes de l'Atlantique et du Pacifique et en petit nombre sur les Grands Lacs.

Au Québec, niche en petit nombre dans le nord et s'observe surtout du début octobre à la mi-décembre.

 DESCRIPTION: Le mâle a une protubérance jaune à la base du bec, qui est foncé. Son plumage est complètement noir de l'automne au printemps, et il devient plus terne en été. La femelle est brune avec les joues et le haut du cou plus pâles qui contrastent avec la calotte noirâtre. Son bec est noirâtre, sans protubérance. Les juvéniles ressemblent à la femelle.

Les macreuses volent souvent en longues files près de la surface de l'eau.

 HABITAT: Fréquente les côtes, les lacs et les rivières. Migre principalement vers les côtes.

 NIDIFICATION: Bien dissimulé, le nid est une dépression à même le sol tapissée d'herbes, de plumes et de duvet.

La femelle pond habituellement de six à huit oeufs qu'elle couve 30 jours. Les jeunes peuvent voler 45 à 50 jours après leur naissance et se reproduire à leur deuxième année.

Il n'est pas rare de voir l'été des juvéniles bien au sud des aires de nidification.

ALIMENTATION: Se nourrit essentiellement de mollusques qu'elle va habituellement chercher dans moins de 10 mètres d'eau.

MACREUSE À FRONT BLANC

Ordre : Anseriformes
Famille : Anatidae

Melanitta perspicillata
Surf Scoter
Brassekèse, briseux de mer, sourd, gibier noir, sac à plomb
(Macreuse à lunettes)

Canard plongeur de la taille de la corneille. Plumage foncé avec du blanc à la tête. Gros bec raboteux.

Taille : 51 cm (48-58 cm)
Poids : 1 kg

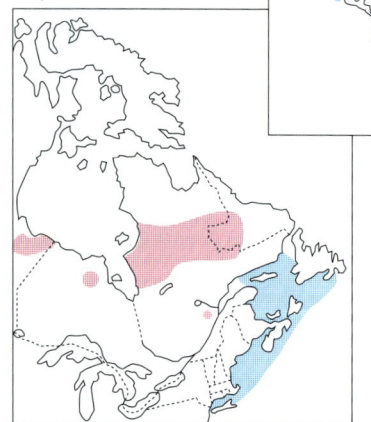

RÉPARTITION : Niche un peu partout au Canada, sauf dans les provinces maritimes. Hiverne le long des côtes de l'Atlantique et du Pacifique et en plus petit nombre à l'intérieur (Grands Lacs).

Au Québec, niche dans le territoire compris entre la baie James et la baie d'Ungava. S'observe surtout à l'époque de la migration automnale, d'octobre à la mi-novembre.

 DESCRIPTION : Ce canard plongeur de couleur sombre a un front fuyant caractéristique et la tête marquée de blanc. Le mâle adulte est entièrement noir, sauf pour une région blanche au front et à la nuque et pour son gros bec large et raboteux coloré de rouge, de blanc et de jaune. La femelle adulte est toute brune avec deux taches blanches mal définies devant et derrière l'oeil et parfois une tache pâle à la nuque. Une tache blanche presque verticale se terminant abruptement borde le bec gris foncé, lui aussi raboteux. La calotte est foncée. Les juvéniles sont d'un brun plus pâle et portent des taches blanchâtres à la tête dès leur premier hiver. Ils ont leur plumage adulte à leur deuxième hiver.

La Macreuse à front blanc se tient surtout en petites bandes (de 5 à 25 oiseaux) à l'époque des migrations. Elle a l'habitude de nager avec le bec pointé légèrement vers le bas et de tenir ses ailes repliées vers le haut en se posant sur l'eau.

Francis Bélanger

HABITAT: Niche près des rivières ou des côtes et à proximité des milieux humides de la toundra. Le reste du temps, préfère l'eau salée. En migration, s'observe sur le fleuve Saint-Laurent et les grands plans d'eau douce.

NIDIFICATION: Le nid est une dépression au sol tapissée de plumes et de duvet.

La femelle couve les oeufs, au nombre de cinq à huit. On ignore combien de temps dure la couvaison, et à quel âge les canetons peuvent voler.

ALIMENTATION: Se nourrit de mollusques qu'elle attrape en plongeant, ainsi que de crustacés.

NOTE:
- Les macreuses ont la particularité d'utiliser leurs ailes repliées, en plus de leurs pattes, pour se propulser sous l'eau.

MACREUSE À AILES BLANCHES

Ordre: Anseriformes
Famille: Anatidae

Melanitta fusca
White-winged Scoter
Brassekèse, sourd, gibier noir, sac à plomb, briseurs de mer (Macreuse brune)

Canard plongeur plus grand que la corneille. Plumage foncé, miroir blanc.

Taille: 53 cm (48-58 cm)
Poids: 1,7 kg

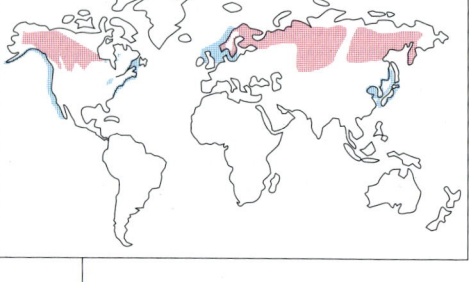

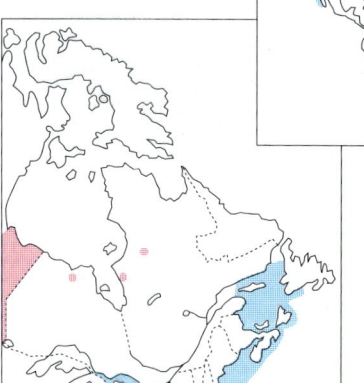

RÉPARTITION: Niche au Canada de l'Ouest jusqu'au Québec, et en Alaska. Hiverne sur les côtes de l'Atlantique et du Pacifique et en moins grand nombre à l'intérieur du continent.

Au Québec, niche en petit nombre dans le nord. S'observe surtout à l'époque de la migration automnale, de la fin septembre à la mi-décembre. Plus rare au printemps.

 DESCRIPTION: C'est la plus grande des trois espèces de macreuses. Le mâle a un plumage noir. Il a une tache blanche allongée sous l'oeil et une protubérance noire à la base de son bec, qui est orangé. La femelle a un plumage brun. Elle a deux taches blanches mal définies devant et derrière l'oeil. Son bec est gris noir. Les juvéniles ressemblent à la femelle mais ont un plumage plus grisâtre.

Comme ses cousines, la Macreuse à ailes blanches flotte bas. Elle ressemble alors à un canard de bonne taille au plumage très foncé et au profil fuyant.

En vol, notez le miroir blanc.

 HABITAT: En période de reproduction, fréquente les lacs et rivières d'eau douce ainsi que les côtes. Hiverne surtout près des côtes.

 NIDIFICATION: Le nid bien dissimulé consiste en une dépression à même le sol tapissée de brins d'herbe, de duvet et de plumes.

C'est la femelle qui couve les oeufs, habituellement neuf, pendant 28 jours environ. Les oisillons peuvent voler de neuf à dix semaines après l'éclosion.

Sous la surveillance de quelques femelles, les jeunes sont souvent regroupés en bandes ou «crèches» comptant plus d'une centaine de canetons.

ALIMENTATION: Se nourrit surtout de mollusques, notamment de petites huîtres, broyés par son puissant gésier.

Garrot à oeil d'or

Ordre: Anseriformes
Famille: Anatidae

Bucephala clangula
Common Goldeneye
<u>Garrot commun</u>, caille, goriot, caillot, siffleur

Canard plongeur à l'allure trapue, de la taille de la corneille. Grosse tête et bec foncé. Tête sombre tranchant avec le cou blanc. Chez le mâle en plumage nuptial, tache blanche ronde sur chaque joue.

Taille: 47 cm (40,5-51 cm)
Poids: 1 kg

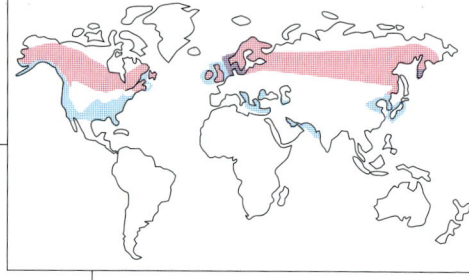

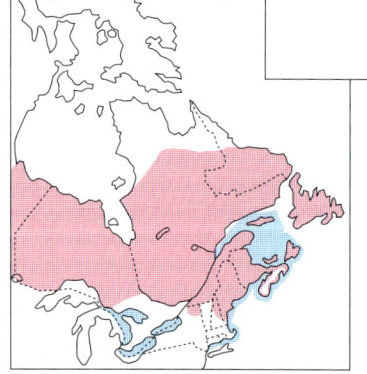

RÉPARTITION: Niche au Canada jusqu'à la limite des arbres, en Alaska et dans le nord des États-Unis. Hiverne jusqu'au golfe du Mexique, mais surtout dans les régions plus au nord où l'eau demeure libre de glace.

Au Québec, niche partout jusqu'à la hauteur de la baie d'Hudson, et s'observe toute l'année.

 DESCRIPTION: Ce canard plongeur a une grosse tête, un bec foncé, des yeux jaune ambré, un miroir blanc et des pattes jaunes. Le mâle adulte en plumage nuptial est noir et blanc, avec une tache blanche ronde sur chaque joue. Sa tête noire aux reflets verts tranche avec le blanc du cou, de la poitrine et du ventre. Le dos noir contraste avec les flancs blancs ou finement rayés de noir. La femelle adulte a la tête brune, un collier blanc et le reste du corps gris cendré, sauf pour ses pattes jaunâtres, son bec noir au bout jaune et son miroir blanc. En été et au début de l'automne, le mâle ressemble à la femelle mais garde un bec tout noir et plus de blanc sur le dessus de l'aile. Le plumage des juvéniles est aussi semblable à celui de la femelle, les jeunes mâles montrant l'hiver un début de tache à la joue, et les jeunes femelles n'ayant pas de collier blanc.

En vol, notez le battement d'ailes court et rapide produisant un sifflement fort surtout chez le mâle, et la grande région blanche sur l'aile, près du corps.

ESPÈCE SEMBLABLE: Le Garrot de Barrow (*Bucephala islandica*), dont le mâle adulte porte une tache blanche en forme de croissant plutôt qu'une tache ronde sur la joue comme celle de son cousin. Le noir sur les ailes et la ligne noire à l'avant de l'aile repliée le font paraître plus foncé. Il s'observe surtout dans l'estuaire du Saint-Laurent. Les femelles des deux espèces sont très semblables, le bec plus jaune et le front plus abrupt du Garrot de Barrow servant à les différencier.

HABITAT: Fréquente les marais, lacs et cours d'eau bordés d'arbres où il peut nicher. La végétation riveraine est souvent clairsemée, l'acidité élevée et l'eau assez profonde. En migration et en hiver, fréquente des habitats d'eau douce ou salée.

NIDIFICATION: Le nid est situé dans une cavité naturelle d'un arbre ou dans un trou de Grand Pic (*Dryocopus pileatus*). Il consiste en un bol façonné à même les copeaux, auxquels la femelle ajoute du duvet pendant la couvaison. Le Garrot à oeil d'or niche parfois dans une cheminée ou dans un nichoir à Canard branchu. Mais il installe habituellement son nid dans des arbres situés plus près d'endroits à découvert que ne le fait le Canard branchu.

La femelle couve seule une dizaine d'oeufs pendant 30 jours environ. Les jeunes quittent le nid moins de 48 heures après l'éclosion et peuvent voler vers la huitième semaine. Ils commencent à se reproduire vers l'âge de deux ou trois ans.

Au printemps, le mâle et la femelle défendent vigoureusement un territoire et repoussent les autres garrots qui s'y aventurent.

La femelle pond parfois dans des «nids de dépôt» où pondent plusieurs femelles.

Les femelles retournent dans une forte proportion au même terrain de nidification d'une année à l'autre, mais pas nécessairement en compagnie du même mâle. L'été, les jeunes femelles visitent les cavités pouvant accueillir un nid, sans doute pour repérer les endroits où elles pourront nicher l'année suivante.

ALIMENTATION: Se nourrit surtout de crustacés, d'insectes, de mollusques et de petits poissons.

NOTES:

• Dans la forêt boréale, le Garrot à oeil d'or est un nicheur presque aussi abondant que le Canard noir.

• À en juger par sa présence l'hiver dans les rapides de Lachine, près de Montréal, ce canard plongeur ne craint sûrement pas le froid. Dès janvier, il est possible d'observer à cet endroit des groupes comptant cinq ou six mâles et une ou deux femelles qui se font la cour. La «danse» du mâle est la plus spectaculaire: d'un mouvement sec, celui-ci bascule la tête vers l'arrière, allant presque toucher son croupion.

• Les recensements d'hiver sur la côte est américaine indiquent pour cette espèce comme pour le Canard noir une baisse de population difficilement explicable.

- Le Garrot à oeil d'or fréquente les lacs acides parce que les poissons qui mangent les invertébrés dont lui-même se nourrit y sont moins nombreux qu'ailleurs. Tôt ou tard, cependant, ces lacs finiront par être désertés par les oiseaux lacustres, car l'augmentation de l'acidité se traduira par une baisse marquée de la population d'invertébrés.
- La longévité maximale connue chez cette espèce serait de 17 ans.

Bec-scie couronné

Ordre: Anseriformes
Famille: Anatidae

Lophodytes cucullatus
Hooded Merganser
(Harle couronné)

Canard plongeur de la taille de la corneille, au bec foncé et effilé. Porte une huppe. Petite région blanche sur le dessus de l'aile.

Taille: 46 cm (43-58 cm)
Poids: 700 g

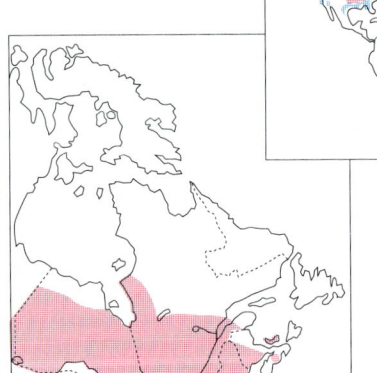

RÉPARTITION: Niche au Canada et dans certains États américains, mais absent par endroits dans le centre du continent. Hiverne en petit nombre dans le sud du Canada et sur les côtes américaines, surtout celle du golfe du Mexique.

Au Québec, niche jusqu'à la hauteur de la baie d'Hudson (55e parallèle). S'observe surtout de la fin mars à décembre.

DESCRIPTION: C'est la plus petite des trois espèces de bec-scie qu'on peut observer. Son bec est foncé et effilé. Le mâle adulte en plumage nuptial est spectaculaire avec sa tête noire, une grande tache blanche à même sa huppe noire érectile, sa poitrine blanche traversée de deux barres noires, son dos noir et ses flancs roux. La femelle adulte est brunâtre, avec le dos noir et une huppe effilochée rousse. Sa mandibule supérieure est noire et sa mandibule inférieure, jaunâtre. Sa huppe est rarement relevée et donne à sa tête une forme rectangulaire. À l'automne, le plumage du mâle et des juvéniles ressemble à celui de la femelle.

En vol, notez la petite région blanche sur l'aile foncée, l'allure élancée, le vol rapide et direct. Le Bec-scie couronné peut décoller à la verticale, sans avoir à courir sur l'eau.

ESPÈCE SEMBLABLE: Le Petit Garrot, dont le mâle au printemps montre aussi un croissant blanc à la tête, mais dont le reste du plumage est surtout blanc et qui ne porte pas de huppe. Son bec ressemble de plus à celui des autres canards, et non à celui d'un bec-scie.

Francis Bélanger

Robert Bonneau

HABITAT: Quelle que soit la saison, fréquente les lacs et milieux d'eau douce souvent acide, bordés de forêts. S'observe également sur les rivières, parfois dans les rapides. Dans ses quartiers d'hiver, fréquente les plans d'eau saumâtre et plus rarement d'eau salée. Tout en recherchant sensiblement les mêmes habitats que le Canard branchu, le Bec-scie couronné fréquente des eaux plus claires où il peut poursuivre plus facilement ses proies en plongée.

 NIDIFICATION: Le nid est situé dans une cavité d'un arbre ou dans un nichoir installé pour le Canard branchu. Il consiste en une coupe formée à même les matériaux présents, auxquels la femelle ajoute du duvet et quelques plumes.

La femelle couve seule les oeufs, habituellement une dizaine, pendant 32 jours environ. Les jeunes quittent le nid environ 24 heures après l'éclosion et peuvent voler quelque 70 jours après leur naissance. Ils se reproduisent à partir de la deuxième année.

Il arrive fréquemment que des oeufs de Bec-scie couronné, de Canard branchu et de Garrot à oeil d'or soient pondus dans un même nid. Selon toute apparence, c'est la femelle de l'espèce comptant le plus grand nombre d'oeufs dans le nid qui en assure la couvaison. Les nids dans lesquels trop d'oeufs ont été pondus sont cependant abandonnés.

 ALIMENTATION: Se nourrit surtout de petits poissons qu'il attrape en plongeant. Des crustacés, des amphibiens et des insectes complètent son alimentation.

 NOTES:

- Le Bec-scie couronné est le seul bec-scie indigène d'Amérique du Nord.
- Ce canard n'est jamais abondant et s'observe le plus souvent en couples ou en groupes d'au plus quatre oiseaux. On le voit rarement en compagnie d'autres espèces.
- La population du Bec-scie couronné, tout comme celle du Canard branchu, a subi au début du siècle une baisse marquée attribuable à la chasse et à la disparition des marécages où l'espèce nichait. Elle s'est reconstituée depuis, mais il est difficile d'en évaluer l'importance, les recensements couvrant mal les régions humides boisées qu'affectionne ce canard.

BEC-SCIE À POITRINE ROUSSE

Ordre: Anseriformes
Famille: Anatidae

Mergus serrator
Red-breasted Merganser
Bec-à-scie
(Harle huppé)

Canard plongeur plus grand que la corneille. Bec effilé rouge, huppe.

Taille: 60 cm (51-64 cm)
Poids: 1 kg

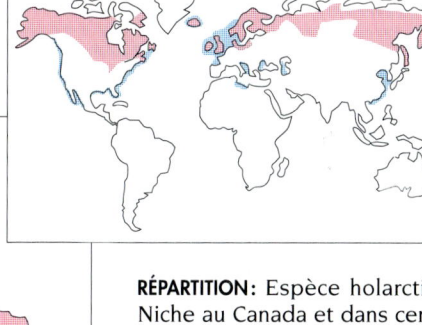

RÉPARTITION: Espèce holarctique. Niche au Canada et dans certains États du nord-est des États-Unis. Hiverne sur les côtes à Terre-Neuve et plus au sud, et en petit nombre sur les Grands Lacs.

Au Québec, niche aux îles de la Madeleine, par endroits dans le sud-ouest et plus fréquemment dans le nord de la province. S'observe surtout au printemps, et d'octobre à décembre.

DESCRIPTION: Le mâle adulte en plumage nuptial est brillamment coloré avec son bec effilé rouge, sa tête huppée noire aux reflets verts, son collier blanc, sa poitrine rousse tachetée de noir, ses flancs pâles finement rayés de noir et son dos tout noir. Une large zone blanche traversée de deux minces lignes noires apparaît sur l'aile déployée. La femelle adulte est grisâtre avec le bec effilé rouge orangé et la tête huppée brun cannelle. Blanchâtre sur la gorge et le haut du cou, le plumage devient gris sur le bas du cou et la poitrine. À l'automne, le mâle et les juvéniles ont un plumage semblable à celui de la femelle adulte. Les jeunes acquièrent leur plumage adulte à leur deuxième printemps.

En vol, notez la silhouette rectiligne horizontale typique des bec-scie, ainsi que le battement d'ailes rapide et de faible amplitude.

ESPÈCE SEMBLABLE: Chez les femelles, le Grand Bec-scie, chez qui la démarcation entre la tête rousse et la poitrine blanche est très nette. Le front est plus fuyant chez cette espèce.

HABITAT: En période de reproduction, fréquente les lacs et les rivières et différentes étendues d'eau douce ou salée. Plus abondant dans la taïga, le muskeg et la toundra. En migration et en hiver, forme souvent de grandes bandes dans les baies et les estuaires. L'espèce fréquente des habitats d'eau salée plus régulièrement que le Grand Bec-scie.

NIDIFICATION: Construit à même le sol, à proximité de l'eau, le nid est dissimulé à la base d'un buisson ou dans une autre cachette naturelle. Il est composé d'herbes, de duvet et de quelques plumes. L'espèce niche parfois sur une île en compagnie de goélands ou de sternes.

La femelle pond une dizaine d'oeufs qu'elle couve seule 31 jours en moyenne. Il n'est pas rare qu'une «crèche» regroupant plusieurs couvées soit confiée à la surveillance d'une seule femelle, comme cela se produit fréquemment chez les canards plongeurs. Les jeunes quittent le nid moins de 24 heures après l'éclosion et peuvent voler vers la neuvième semaine environ. Ils se reproduisent à l'âge de deux ans.

ALIMENTATION: Se nourrit surtout de petits poissons ainsi que de mollusques et de crustacés qu'il repère souvent en nageant la tête sous l'eau à la façon du Huart à collier. En début de croissance, le caneton mange beaucoup d'insectes. Le Bec-scie à poitrine rousse, tout comme le Grand Bec-scie, attrape parfois de jeunes poissons d'espèces prisées par les pêcheurs sportifs (saumons, truites, etc.), mais il se nourrit surtout de petits poissons peu recherchés (ménés, jeunes carpes, épinoches). On a déjà observé cette espèce pêcher en groupe pour «rabattre» les poissons vers l'eau peu profonde où leur capture est plus facile.

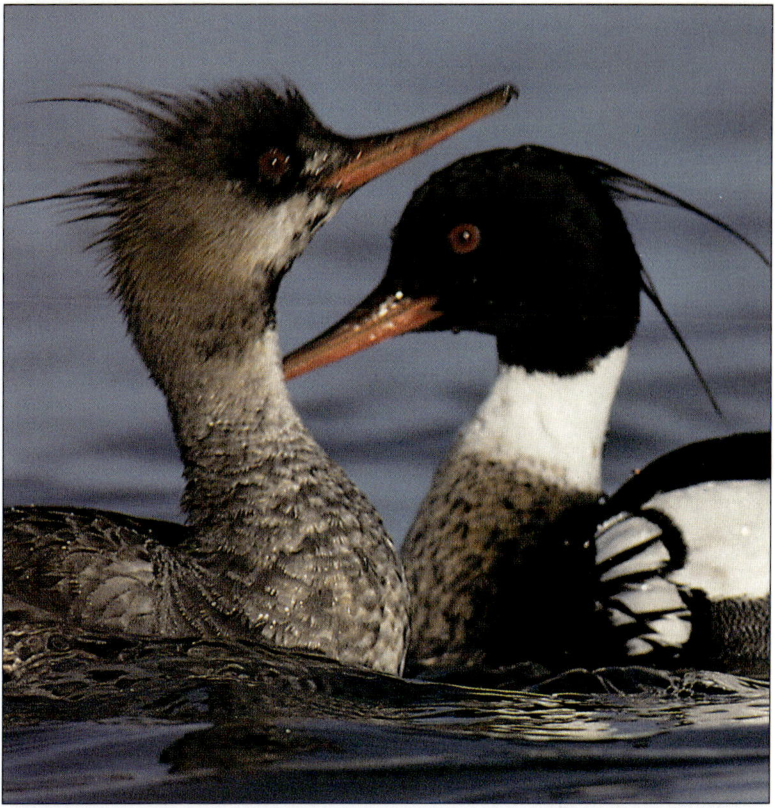

Guy C. Fontaine

Guy C. Fontaine

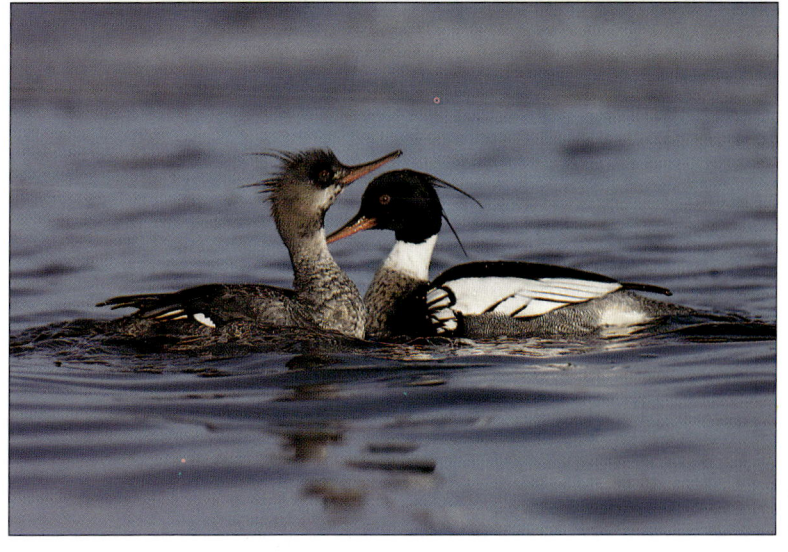

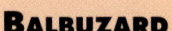

BALBUZARD

Ordre: Falconiformes
Famille: Accipitridae

Pandion haliaetus
Osprey
Aigle-pêcheur, pêcheur
(Balbuzard pêcheur)

Rapace diurne plus grand que la corneille. Tête et dessous blancs, ligne brun foncé derrière l'oeil. Ailes coudées à la hauteur du poignet.

Taille: 60 cm (53-62 cm)
Envergure: 1,5 m
Poids: 1,5 kg

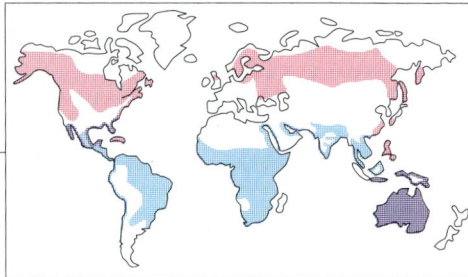

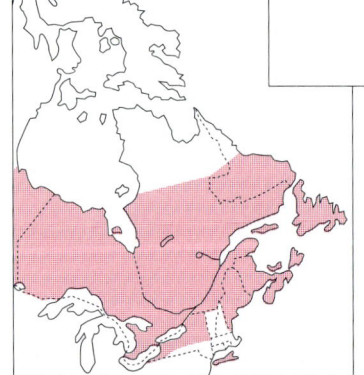

RÉPARTITION: Niche partout au Canada ainsi que dans l'est et l'ouest des États-Unis. Hiverne depuis le sud de son aire de nidification jusqu'en Amérique du Sud.

Au Québec, niche par endroits dans toutes les régions sauf l'extrême nord. S'observe surtout de la fin avril au début octobre.

 DESCRIPTION: Les adultes des deux sexes sont semblables, mais la femelle est plus grande que le mâle. Le dessous est blanc de même qu'une partie de la tête, traversée d'une ligne brun foncé qui va de l'oeil au manteau de même couleur. La queue pâle est rayée de noir. Les ailes, longues et plutôt rectangulaires, portent au poignet une tache noire visible en vol. L'extrémité brune des plumes de la poitrine de la femelle forme parfois un collier brisé. Semblables aux adultes, les juvéniles ont un manteau tacheté de blanc.

En vol plané, les ailes sont tenues à l'horizontale, coudées à la hauteur du poignet. En vol direct, le battement d'ailes est lourd, régulier et de grande amplitude.

HABITAT: Fréquente les grands plans d'eau douce ou salée, notamment les lacs et rivières, mais surtout les zones côtières.

NIDIFICATION: Le nid est volumineux. Composé de branchages, il est habituellement situé près de l'eau, dans un arbre, parfois sur un rocher ou encore à même le sol. Il peut aussi être placé sur une plate-forme installée à cette fin ou sur une structure existante (un pylône électrique, par ex.). Chaque année, les parents rajoutent des branches au nid de l'année précédente, qui peut aussi contenir des objets bizarres (bouteilles, bouts de corde, filets de pêche, râteaux).

La femelle pond de deux à quatre oeufs à intervalles d'environ 48 heures. C'est surtout elle qui les couve, de 32 à 33 jours, le mâle apportant la nourriture pendant une période qui s'étend aux premières semaines suivant l'éclosion. Les jeunes peuvent voler vers leur huitième semaine, mais ne sont vraiment autonomes qu'un ou deux mois plus tard. Étant donné que chez les rapaces, la couvaison débute dès la ponte du premier oeuf, les jeunes ne naissent pas tous en même temps; les années où la nourriture est rare, les derniers-nés risquent de mourir de faim, privés de nourriture par leurs frères et soeurs plus grands qu'eux.

Les adultes attaquent farouchement tout intrus qui s'approche du nid.

Les juvéniles demeurent sur les lieux d'hivernage l'été suivant leur naissance, migrent vers le nord à leur deuxième année et ne se reproduisent qu'à leur troisième année.

ALIMENTATION: Se nourrit presque exclusivement de poissons de différentes tailles (crapets, perchaudes, barbotes, plies, poulamons), qu'il capture souvent en plongeant après avoir volé sur place. À l'occasion, le Balbuzard attrape un canard, une couleuvre, une grenouille ou un petit mammifère. Des aspérités cornées à la plante des pieds et un doigt réversible comme chez le hibou lui permettent de retenir ses proies.

NOTES:

• La population de cette espèce pourtant protégée par la loi depuis 1930 a enregistré vers les années 50 une importante baisse attribuable aux pesticides, à la destruction des habitats forestiers côtiers et au braconnage.

• C'est un spectacle pour le moins impressionnant que de voir ce grand rapace voler sur place pour ensuite fondre sur sa proie puis l'emporter péniblement jusqu'au perchoir le plus proche. Le Centre d'interprétation de la nature du lac Boivin, à Granby, est l'un des bons endroits pour voir le Balbuzard à l'oeuvre, particulièrement au début mai et à la fin septembre.

• La longévité maximale connue chez cette espèce serait de 32 ans.

Busard Saint-Martin

Ordre : Falconiformes
Famille : Accipitridae

Circus cyaneus
Northern Harrier
Busard des marais, cossade

Rapace diurne de la taille de la corneille. Queue longue et carrée. Tache blanche au croupion.

Taille : ♂ (45-51 cm)
♀ (48-61 cm)
Envergure : 1,10 m
Poids : ♂ 350 g
♀ 500 g

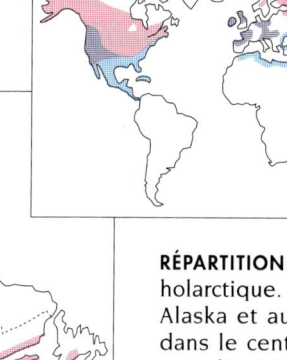

RÉPARTITION : Cette espèce est holarctique. Niche au Canada, en Alaska et aux États-Unis jusque dans le centre sud. Hiverne depuis l'extrême sud du Canada jusqu'au Panama.

Au Québec, niche jusqu'à la hauteur de la baie James (52e parallèle) et s'observe surtout entre la fin mars et la mi-novembre. Hiverne rarement dans le sud du Québec.

 DESCRIPTION : Ce rapace a une queue longue et carrée et du blanc au croupion. Le mâle adulte est entièrement gris avec le bout des ailes noir. La femelle adulte a la tête et le manteau brun foncé, ainsi qu'un plumage chamois fortement rayé de brun foncé sur le dessous. Chez les juvéniles, qui sont semblables à la femelle, le dessous est roux avec des rayures à la poitrine seulement.

L'espèce s'observe le plus souvent volant lentement près du sol, le vol ramé alternant avec le vol plané, les ailes en V.

ESPÈCE SEMBLABLE: La Buse pattue (B*uteo lagopus*), qui ressemble à la femelle et aux juvéniles du Busard Saint-Martin, mais dont l'envergure est plus grande. Elle a le haut de la queue blanc plutôt que le croupion, et porte souvent un plastron noir au ventre et une tache noire au poignet. Cette espèce est absente du sud du Québec en été.

 HABITAT: Fréquente surtout les régions déboisées et s'observe au-dessus des milieux humides d'eau douce ou salée, mais aussi souvent au-dessus des champs.

 NIDIFICATION: Habituellement aménagé à même le sol, le nid est dissimulé dans la végétation haute d'un marais ou d'une prairie humide. Il consiste en un amas lâche de brindilles et d'herbes tapissé de matériaux plus fins.

La femelle pond à deux jours d'intervalle de quatre à six oeufs qu'elle couve seule environ 30 jours. Étant donné que la couvaison débute avant la fin de la ponte, les jeunes ne naissent pas tous en même temps. Ils sont nourris par la femelle au moins jusqu'à leur envol, environ 35 jours après l'éclosion.

Le mâle, qui est parfois polygame, laisse au vol à la femelle venant à sa rencontre la nourriture qu'il lui apporte.

Comme pour la plupart des rapaces diurnes, la parade nuptiale aérienne est spectaculaire. Pendant que la femelle est posée au sol, le mâle effectue une série de manoeuvres aériennes, enchaînant piqués, remontées rapides et vrilles.

 ALIMENTATION: Se nourrit surtout de petits mammifères et parfois aussi de grenouilles, de couleuvres, d'oiseaux ou de gros insectes. Il semblerait que le mâle attrape plus d'oiseaux, et la femelle, plus de mammifères. Les canards à proximité desquels le Busard Saint-Martin niche souvent ne constituent pas une proie importante pour celui-ci.

Ce rapace chasse en volant bas au-dessus des prés. En concentrant les bruits vers ses oreilles, son disque facial (semblable à celui des hiboux) l'aide à repérer ses proies.

 NOTES:

• En usage depuis longtemps en Europe, le nom de Saint-Martin vient de la fête de la Saint-Martin, le 11 novembre, qui coïncide avec l'apogée de la migration de l'espèce sur ce continent.

• Ce rapace a subi, surtout de 1950 à 1970, une baisse de population attribuable à la contamination de ses proies par les pesticides.

• La longévité maximale connue chez cette espèce serait de 16 ans.

François Morneau

Fred K. Truslow

205

FAUCON PÈLERIN

Ordre: Falconiformes
Famille: Accipitridae

Falco peregrinus
Peregrine Falcon

Rapace diurne de la taille de la corneille. Ailes pointues, queue longue et arrondie. Motif noir sous l'oeil. Tête et dos bleutés chez l'adulte.

Taille: ♂ (38-46 cm)
♀ (46-54 cm)
Envergure: 1 m
Poids: ♂ 650 g
♀ 1 kg

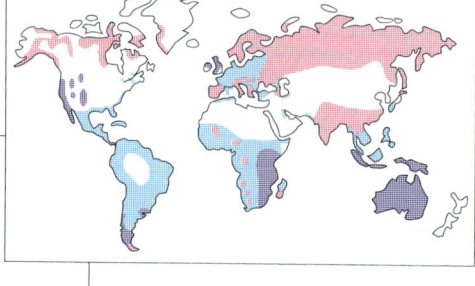

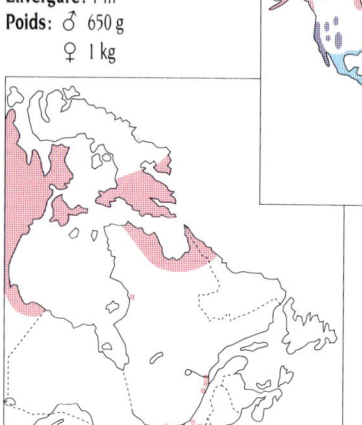

RÉPARTITION: Niche par endroits dans tout le continent américain, sauf dans les Antilles. Niche en petit nombre au Canada, depuis l'Arctique jusque dans le sud, sauf probablement dans les Prairies et les Maritimes. Migre jusqu'en Amérique du Sud.

Au Québec, niche dans l'extrême nord de la province et en petit nombre dans le sud. Peut s'observer à n'importe quel moment de l'année, mais plus rarement en hiver.

 DESCRIPTION: Les adultes des deux sexes ont le même plumage, mais la femelle est plus grande. Un motif noir ressort sous chaque oeil. La tête, le dos et le dessus de la queue sont bleutés, le dessous est pâle et légèrement rayé de brun, la gorge et la poitrine sont blanchâtres. Les juvéniles, jusqu'à l'âge de deux ans, sont brunâtres, rayés sur le dessous, et ont également un motif noir sous l'oeil.

Le Faucon pèlerin a des ailes pointues et une queue longue et arrondie. Quand il est perché, les ailes repliées rejoignent le bout de sa queue. Il peut atteindre la vitesse de 300 km/h quand il pique sur ses proies.

 ESPÈCES SEMBLABLES: Le Faucon gerfaut (*Falco rusticolus*), très rarement observé en hiver, et qui est plus grand. Quand il est perché, les ailes repliées ne rejoignent pas le bout de sa queue.

Le Faucon émerillon (*Falco columbarius*), plus petit, sans rayures à la face, qui peut atteindre 33 cm.

HABITAT: Fréquente parfois les zones urbaines, mais s'observe principalement dans des lieux découverts, le long du fleuve Saint-Laurent en eau douce ou salée, près des grandes rivières et sur les côtes. Dans le Nord, fréquente les côtes où il niche souvent à proximité des colonies d'oiseaux marins.

 NIDIFICATION: Le nid consiste en une simple dépression à même les débris végétaux qui tapissent le sol. Ce faucon dépose ses oeufs sur une falaise, sur le toit des immeubles, plus rarement dans la cavité d'un arbre brisé ou dans un vieux nid de rapace ou de corbeau. Il niche le plus souvent à proximité de l'eau.

C'est surtout la femelle qui couve les oeufs, de trois à cinq, pendant 30 jours environ. Le mâle apporte de la nourriture à la femelle qui couve, puis aux jeunes. Les fauconneaux peuvent voler vers l'âge de six semaines, mais demeurent dans l'entourage de leurs parents pour deux autres mois. Ils peuvent se reproduire à leur troisième année.

Les adultes défendent avec vigueur les alentours de leur territoire et n'hésitent pas à piquer sur les intrus.

Il existe en Europe des terrains de reproduction occupés par des couples de Faucons pèlerins depuis plus de 300 ans.

 ALIMENTATION: Se nourrit surtout de diverses espèces d'oiseaux (bécasseaux, canards, etc.) qu'il capture au vol. En zone urbaine, le Pigeon biset (*Columba livia*) représente sa principale victime. Le Faucon pèlerin tue ses proies en les frappant en plein vol avec le doigt postérieur de ses serres. Il attrape aussi de petits mammifères et de gros insectes comme les criquets.

 NOTES:
• La population du Faucon pèlerin, qui nichait jusque-là un peu partout au Canada, a enregistré à partir des années 50 une importante baisse attribuée à l'ingestion de proies contaminées par des pesticides, notamment le DDT. Maintenant interdit en Amérique du Nord, le DDT est encore utilisé en Amérique du Sud et en Amérique centrale, où hivernent des faucons et des oiseaux qui leur servent de proies. Il provoque l'amincissement des coquilles au point où celles-ci se brisent très facilement.

Pour rétablir la population, des Faucons pèlerins ont été élevés puis relâchés en différents endroits du Canada et des États-Unis. Depuis 1970, la population mondiale de l'espèce est en hausse. En 1988, douze jeunes ont été produits dans le sud du Québec, ce qui correspond probablement à la moyenne annuelle d'avant 1950. Le Service canadien de la faune a quand même jugé bon de faire figurer le Faucon pèlerin sur la liste des espèces vulnérables au Québec en 1989.

• En 1983, dans le centre de Montréal, un couple de Faucons pèlerins a établi son nid à l'endroit même où une femelle de l'espèce avait niché de 1935 à 1953.

• Le Faucon pèlerin et le Faucon gerfaut (*Falco rusticolus*), son cousin nordique, sont encore utilisés en fauconnerie aux États-Unis et dans quelques provinces canadiennes. Les faucons, dont le prix

peut dépasser les 2 000 $, proviennent de détenteurs de permis d'élevage. La capture et la vente d'oiseaux sauvages sont illégales.
• La longévité maximale connue chez le Faucon pèlerin serait de 20 ans.

GOÉLAND À BEC CERCLÉ

Ordre: Charadriiformes
Famille: Laridae

Larus delawarensis
Ring-billed Gull
Mouette, mauve, mouve

Oiseau de la taille de la corneille. Ailes longues et rectangulaires. Chez l'adulte, plumage gris et blanc, bec jaune cerclé de noir, pattes jaune verdâtre.

Taille: 50 cm (45,5-51 cm)
Envergure: 1,2 m
Poids: 490 g

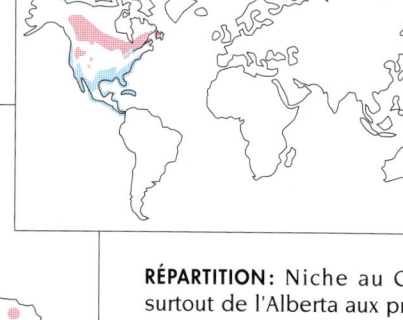

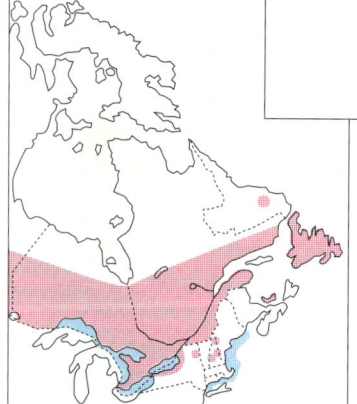

RÉPARTITION: Niche au Canada, surtout de l'Alberta aux provinces maritimes, et dans quelques États américains. Hiverne depuis les régions où l'eau est libre de glace dans son aire de reproduction, jusqu'au Panama et dans les Antilles.

Au Québec, niche jusqu'à la hauteur de la baie James (52e parallèle) et s'observe surtout entre le début mars et la fin décembre.

DESCRIPTION: Les adultes des deux sexes sont identiques avec leur manteau gris, le reste du corps blanc et le bec jaune cerclé de noir près du bout. Longues et rectangulaires, les ailes sont grises avec l'extrémité noire légèrement marquée de blanc. Le tour de l'oeil jaune est rouge, et les pattes sont jaune verdâtre. Les juvéniles mettent trois ans à acquérir leur plumage adulte. Pendant cette période, leur coloration est d'abord brunâtre (la première année), puis grisâtre. La queue est pâle, avec une bande noire bien définie à l'extrémité.

Ce goéland flotte plus haut que le canard. Plus léger que celui des autres goélands, son vol ressemble à celui des mouettes avec ses nombreuses virevoltes. On l'observe parfois en vol plané. Il s'observe rarement seul.

Le Goéland à bec cerclé a un cri plus clair que celui des autres goélands.

ESPÈCE SEMBLABLE : Le Goéland argenté, dont la taille et l'envergure sont plus grandes, qui a un bec plus fort et des pattes rose chair. Chez les juvéniles, la queue est foncée avec une large bande noire à l'extrémité.

HABITAT : Fréquente les plans d'eau douce, en particulier les Grands Lacs et le fleuve Saint-Laurent. S'observe souvent loin de l'eau, dans les champs en labour ou fraîchement fauchés, ou dans les dépotoirs. Tolère très bien la présence humaine.

NIDIFICATION : Niche en colonies pouvant compter plusieurs milliers de couples, souvent sur des îles. Le nid consiste en une dépression à même le sol tapissée de débris végétaux.

Les deux parents couvent les oeufs, habituellement trois, pendant 22 jours environ. Les jeunes sont nourris jusqu'à ce qu'ils sachent voler. Lorsqu'ils s'éloignent du nid en marchant, il leur arrive d'être tués par d'autres adultes de la colonie.

ALIMENTATION: Le Goéland à bec cerclé mérite bien le qualificatif d'omnivore. Il nettoie les grèves des cadavres, attrape de petits poissons à la surface de l'eau, capture des insectes et des vers dans les labours, fait des incursions dans les champs de tomates ou de petits fruits, fouille dans les dépotoirs et mange les restes de nourriture. Il peut aussi pourchasser de jeunes oiseaux, qu'il tue à coups de bec.

NOTES:
• Le mot goéland serait dérivé du breton «gwela», qui signifie pleurer, sans doute à cause des cris plaintifs de l'oiseau. Il pourrait aussi provenir du breton «gwelan», qui signifie goinfre, un qualificatif particulièrement approprié.

• Les mouettes et les goélands font partie de la même sous-famille, celle des *Larinae*. Les mouettes sont plus petites.

• Les juvéniles des différentes espèces de goélands sont souvent difficiles à identifier parce que leur plumage change d'année en année jusqu'à l'âge adulte et peut même varier selon le lieu entre individus d'une même espèce.

• Le Goéland à bec cerclé est protégé par la loi, mais l'augmentation rapide de sa population depuis une trentaine d'années et les dommages qu'il cause parfois aux cultures et sur les plages publiques l'ont rendu impopulaire. Cette protection remonte au début du siècle, à l'époque où l'espèce était rare et la cueillette des oeufs permise. L'explosion de sa population survenue au début des années 60 montre à quel point l'espèce s'est bien adaptée à notre société de consommation.

• On croit que ce goéland pourrait vivre jusqu'à 20 ans. (En moyenne, cet oiseau vit 5 ans.)

GOÉLAND ARGENTÉ

Ordre : Charadriiformes
Famille : Laridae

Larus argentatus
Herring Gull
Mouette, mauve, mouve

Oiseau plus grand que la corneille. Ailes longues, bec fort. Plumage adulte blanc et gris. Pattes de couleur rose chair.

Taille : 64 cm (58,5-66 cm)
Envergure : 1,40 m
Poids : 1 kg

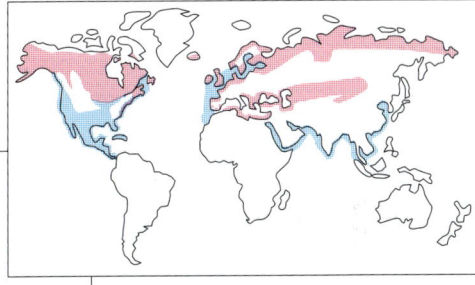

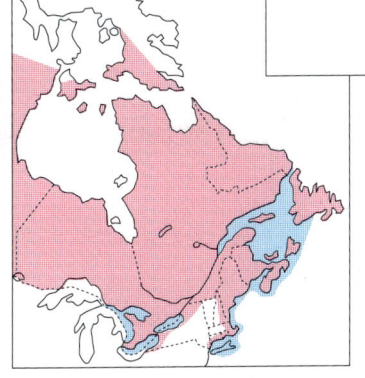

RÉPARTITION : Niche dans toutes les provinces canadiennes, jusqu'au sud du cercle arctique (65e parallèle). Niche également en Alaska et dans certains États du centre et du nord-est des États-Unis. Hiverne depuis les régions libres de glace du sud du Canada jusqu'en Amérique centrale.

Au Québec, niche dans toutes les régions, où il s'observe toute l'année.

 DESCRIPTION : Les oiseaux des deux sexes sont identiques. Ils se parent de leur plumage adulte à leur quatrième année. Chez les adultes, le bec jaune est droit, fort et plus épais près de l'extrémité. La mandibule inférieure porte un point rouge. Le manteau est gris et le reste du corps blanc, sauf les pattes de couleur rose chair et

le bout noir et blanc des ailes, qui sont longues. En hiver, les adultes ont des éclaboussures brunâtres sur la tête et la nuque. Le premier hiver, les juvéniles ont un plumage picoté brun et gris, et le bec foncé mais plus pâle à la base. Le deuxième hiver, du blanc apparaît sur le dessous et au croupion, le dos est grisâtre, les ailes sont gris brunâtre, et la base du bec est pâle tout comme le bout cerclé de noir. Le troisième hiver, le plumage ressemble à celui de l'adulte sauf à la tête et au cou, où subsistent des zones gris brun, le bec jaunâtre étant encore cerclé de noir près de l'extrémité.

Notez le vol ramé lent souvent suivi d'un vol plané.

ESPÈCES SEMBLABLES: Le Goéland à manteau noir, qui est plus grand. Chez les juvéniles, la tête est toujours plus pâle que le manteau. Les adultes ont un manteau noir visible de loin. L'espèce s'observe plus fréquemment sur les côtes.

Le Goéland à bec cerclé, dont le plumage est semblable mais qui est nettement plus petit. L'adulte a le bec jaunâtre cerclé de noir, et les juvéniles ont la queue pâle avec une bande noire à l'extrémité.

HABITAT: Fréquente les plans d'eau douce ou salée, aussi bien en bordure du fleuve Saint-Laurent qu'à l'intérieur des terres (Laurentides et Appalaches), et en moins grand nombre dans les zones forestières. S'observe également dans les régions déboisées du Nord, notamment dans la toundra et le muskeg. Recherche surtout les grands plans ouverts aux eaux claires. Fréquente les champs cultivés et les dépotoirs.

NIDIFICATION: Niche fréquemment en colonies plus ou moins importantes. Dans l'estuaire du Saint-Laurent ou sur les côtes, on peut l'observer nichant en compagnie d'autres espèces comme le Cormoran à aigrettes, la Sterne pierregarin et l'Eider à duvet (*Somateria mollissima*). Souvent situé sur une île, le nid est aménagé dans une simple dépression du sol garnie d'un peu de végétation.

Les oeufs, au nombre de deux ou trois, pondus à deux ou trois jours d'intervalle, sont surtout couvés par la femelle pendant 26 à 28 jours. Les oisillons peuvent voler environ 35 jours après l'éclosion, mais les parents continuent de les nourrir pour encore une quarantaine de jours.

Pour recevoir de la nourriture, les jeunes encore au nid frappent de leur bec la tache rouge sur la mandibule inférieure du parent. Il s'agit d'un comportement inné qui peut être déclenché, par exemple, en approchant du nid un bâton portant une tache rouge.

ALIMENTATION: Se nourrit de cadavres dont il nettoie les rivages, de petits poissons, de gros insectes et de petits mammifères qu'il attrape dans les champs fraîchement fauchés, et de petits fruits dont il se gave en saison. Il mange aussi parfois des oeufs et des oisillons, par exemple des canetons. Pour briser les coquilles des mollusques, le goéland les laisse tomber sur une roche, ou encore sur le toit d'une voiture, au grand déplaisir de l'infortuné propriétaire!

NOTES:
• L'espèce porte bien son nom anglais, «herring», qui signifie hareng. On l'observe en effet sur les côtes tournoyant au-dessus des bancs de harengs.
• La population du Goéland argenté, qui ne comptait que 4 000 couples au début du siècle, n'a cessé d'augmenter depuis les années 60, tout comme celle de son cousin, le Goéland à bec cerclé.

La protection accordée à ces espèces par la loi et l'abondance des déchets dont celles-ci se nourrissent ne sont certes pas étrangères à ce phénomène.
- On croit que le Goéland argenté pourrait vivre jusqu'à 31 ans.

HIBOU DES MARAIS

Ordre : Strigiformes
Famille : Strigidae

Asio flammeus
Short-eared Owl

Hibou plus petit que la corneille, au plumage brunâtre. Vol léger et papillonnant.

Taille : 38 cm (33-43 cm)
Envergure : 1 m
Poids : 350 g

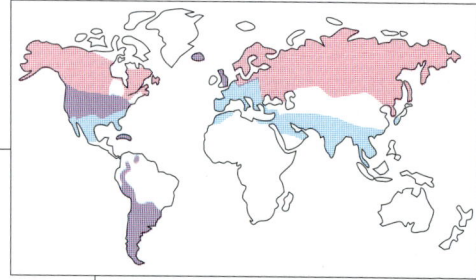

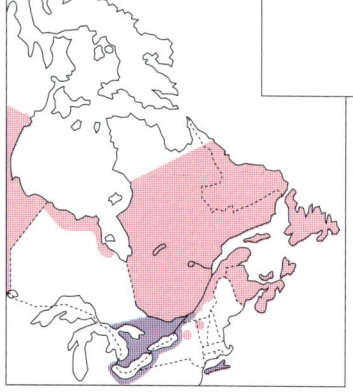

RÉPARTITION : Niche dans l'Arctique, au Canada et dans quelques États américains. Hiverne depuis le sud de son aire de reproduction jusqu'au Mexique.

Au Québec, niche par endroits sauf dans la péninsule d'Ungava, et s'observe irrégulièrement dans nos régions toute l'année.

 DESCRIPTION : Les adultes des deux sexes portent un plumage pâle avec des rayures verticales brunes sur le devant et sur le dos. La tête est ronde et les aigrettes sont à peine visibles.

Le vol léger ressemble à celui d'un papillon géant. Le Hibou des marais se tient souvent les ailes légèrement relevées lorsqu'il glisse silencieusement. Notez sous l'aile le croissant noir près de l'extrémité et, sur l'aile, la zone marron bordée de noir près de l'extrémité. Ce hibou se pose souvent au sol ou sur un piquet de clôture en bordure des champs. Il est surtout actif à l'aube et au crépuscule. En hiver, il se tient parfois en petits groupes là où les proies sont abondantes.

 HABITAT : S'observe au-dessus des terrains découverts, parfois loin de l'eau. La toundra, les tourbières, les prairies et les marais d'eau douce ou salée constituent ses habitats de prédilection.

 NIDIFICATION : Le nid est une simple dépression dans la végétation herbacée, pas nécessairement près de l'eau.

Pondus à deux jours d'intervalle, les oeufs, habituellement de quatre à sept, sont couvés par la femelle de 24 à 28 jours. La nourriture que celle-ci donne aux oisillons lui est apportée par le

mâle. Les jeunes ne naissent pas tous en même temps, la couvaison débutant immédiatement après la ponte du premier oeuf. Ils quittent le nid environ deux semaines après l'éclosion et peuvent voler vers la cinquième semaine.

ALIMENTATION: Se nourrit surtout de petits mammifères (campagnols, souris, musaraignes), mais aussi de petits oiseaux (bruants, sturnelles) et de gros insectes (sauterelles, scarabées). En concentrant les bruits vers ses oreilles, son disque facial l'aide à repérer ses proies.

NOTES:
- Les zones de dispersion et les terrains de nidification de l'espèce sont fonction de l'abondance de sa proie favorite, le Campagnol des champs. Si la population de ce petit rongeur subit une baisse marquée dans une région donnée, le Hibou des marais finira par y disparaître. Sa population est en baisse sur la majeure partie du continent.
- La longévité maximale connue chez cette espèce serait de 12 ans.

TAILLE 5

Huart à collier

Pygargue à
tête blanche

Cormoran
à aigrettes

Grue du Canada

Butor d'Amérique
Grand Héron
Grande Aigrette
Bihoreau à
couronne noire

Goéland à
manteau noir

Cygne siffleur
Oie des neiges
Bernache du Canada
Grand Bec-scie

OISEAU REPÈRE

**BERNACHE
DU CANADA**

HUART À COLLIER

Ordre: Gaviiformes
Famille: Gaviidae

Gavia immer
Common Loon
Plongeur, plongeon
(Plongeon imbrin)

Oiseau plongeur de la taille de la bernache. Sauf en hiver, plumage du dos en damier noir et blanc, collier blanc. Bec droit, noir et pointu.

Taille: 80 cm (71-89 cm)
Poids: 3,5 kg

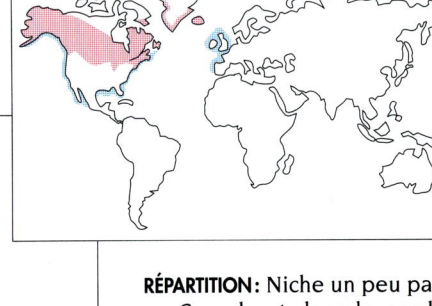

RÉPARTITION: Niche un peu partout au Canada et dans le nord des États-Unis. Hiverne principalement le long des côtes américaines.

Au Québec, niche dans toutes les régions et s'observe surtout de la mi-avril au début décembre.

DESCRIPTION: Les adultes des deux sexes sont identiques. Au printemps, en été et à l'automne, le bec et la tête sont noirs, le ventre est blanc et le dos noir et blanc en damier. Un collier blanc ceinture le cou noir, au-dessous d'une autre bande blanche brisée. En hiver, le plumage est plus terne, l'oiseau paraissant alors grisâtre, avec le devant du cou et la poitrine blanchâtres. Les juvéniles sont d'abord de couleur brunâtre, puis surtout grisâtre, mais toujours avec un bec foncé. Ils acquièrent leur plumage adulte à leur troisième année.

En vol, notez l'allure voûtée, les pattes dépassant de beaucoup le corps, et les ailes plutôt petites et pointues. Le Huart à collier a une grosse tête et un long bec pointu qu'il tient à l'horizontale lorsqu'il nage. Il plonge fréquemment. Il court sur l'eau pour prendre son envol, et s'y pose en glissant sur le ventre.

Le Huart à collier émet surtout trois genres de cri: un long trémolo, un «rire affolant» et un genre de hululement, qui peuvent être entendus à tout moment du jour ou de la nuit.

ESPÈCE SEMBLABLE : Le Huart à gorge rousse (*Gavia stellata*), plus petit, dont le bec est plus court et légèrement retroussé. En période de migration, il fréquente principalement les plans d'eau salée. On peut aussi l'observer, quoique rarement, dans des habitats d'eau douce en automne.

HABITAT: En période de reproduction, recherche les rivières et les lacs poissonneux de grandes dimensions (plus de 5 ha), tranquilles et aux eaux claires. La végétation des rives est habituellement clairsemée. Sur les très grands lacs, on peut retrouver plusieurs couples, qui ne se fréquentent pas. Les petits lacs sont occupés par un seul couple. En migration, s'observe sur les grands plans d'eau douce ou d'eau salée. Après leur première migration vers les côtes, les juvéniles y demeurent jusqu'à leur maturité, à leur troisième année.

L'espèce a presque déserté les lacs fortement touchés par les pluies acides, qui causent la disparition des poissons dont elle se nourrit principalement. Sur les lacs en voie d'acidification, où des couples persistent à vouloir élever leurs petits, les jeunes meurent souvent de faim parce qu'ils ne trouvent pas suffisamment de nourriture.

NIDIFICATION: Le nid rudimentaire consiste souvent en un léger monticule de débris végétaux ou en une dépression dans le sable. D'autres matériaux sont ajoutés au moment de la couvaison. Toujours situé très près de l'eau, souvent sur un îlot, le nid peut aussi être installé sur une plate-forme flottante fabriquée à cette fin.

Les deux parents couvent à tour de rôle les oeufs, au nombre de deux, pendant 28 jours en moyenne. Ils s'occupent des oisillons jusqu'à leur envol, dix ou onze semaines après l'éclosion. On voit parfois les jeunes monter sur le dos de leurs parents les premières semaines pour laisser leur duvet sécher.

Il peut arriver que le nid soit inondé au passage d'embarcations à moteur, qui peuvent par ailleurs causer suffisamment de dérangement pour amener un couple à déserter son nid même en période de couvaison.

ALIMENTATION: Se nourrit surtout de poissons qu'il attrape sous l'eau en se propulsant à l'aide de ses pattes et parfois de ses ailes. Crustacés, mollusques et amphibiens complètent son menu.

Le Huart à collier ne tolère pas sur son territoire de pêche la présence d'autres espèces d'oiseaux aquatiques, qu'il pourchasse.

NOTES:

• Selon une légende huronne, le huart aurait rapporté la première «becquée» de terre pour reconstruire le monde après le déluge. Les Amérindiens se servaient de la peau du huart garnie de ses plumes comme couverture ou comme sac étanche.

• En hiver, lors de la mue, les adultes sont incapables de voler pendant une courte période, tout comme les canards l'été.

• Les huarts comme les grèbes sont capables de s'immerger partiellement ou complètement en comprimant leur plumage et en vidant leurs poumons.

André Cyr

- La famille des huarts est l'une des plus anciennes au monde, certains fossiles datant de quelque 65 millions d'années. (C'est pourquoi cette famille apparaît au début de la plupart des guides ornithologiques.) Les bruants et les parulines seraient pour leur part apparus il y a moins de deux millions d'années.
- Ce bel oiseau est protégé par la loi, qui en interdit strictement la chasse.

CORMORAN À AIGRETTES

Ordre: Pelecaniformes
Famille: Phalacrocoracidae

Phalacrocorax auritus
Double-crested Cormorant

Oiseau plongeur de la taille de la bernache. Plumage tout noir. Bec noir long au bout crochu. Nage souvent en se tenant partiellement immergé, la tête relevée.

Taille: 80 cm (73-89 cm)
Poids: 2 kg

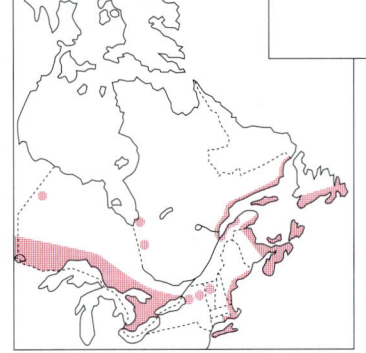

RÉPARTITION: Niche au Canada depuis l'Alberta jusque dans les Maritimes. Niche aussi en Alaska et ailleurs aux États-Unis, jusqu'au Mexique. Hiverne sur les côtes américaines et aussi sur les lacs libres de glace de l'intérieur du continent. C'est le seul cormoran, parmi les quatre espèces présentes au Canada, observé régulièrement à l'intérieur des terres.

Au Québec, niche rarement à proximité de plans d'eau douce, et plus souvent dans l'estuaire du Saint-Laurent et sur les côtes. On l'observe tout de même fréquemment partout sur le fleuve et les grandes rivières, surtout du début avril à la fin octobre.

 DESCRIPTION: Les adultes des deux sexes sont identiques. Le plumage est noir et la face en partie orangée. Le bec noir est assez long et crochu. Les aigrettes noirâtres portées au printemps seulement par les adultes sont rarement visibles. Les quatre doigts sont reliés par une palmure. Les juvéniles ont un plumage brunâtre avec la poitrine plus pâle que le reste du corps.

Francis Bélanger

En vol, le battement d'ailes est plutôt lent et prononcé, la longue queue est apparente et le cou est légèrement replié. Les cormorans volent parfois en formant un V comme les oies. Ils ont alors tendance à répéter le même mouvement que l'oiseau de tête. Si celui-ci glisse sans battre des ailes, ou encore reprend son vol ramé, tout le groupe l'imite. Le Cormoran à aigrettes doit courir longtemps sur l'eau avant de s'envoler.

ESPÈCE SEMBLABLE: Le Grand Cormoran (P*halacrocorax carbo*), plus grand, qui a la gorge jaune bordée de blanc. Cette espèce s'observe surtout sur les côtes.

HABITAT: Fréquente les plans d'eau douce ou d'eau salée. À l'intérieur, s'observe sur les lacs et rivières de grande étendue et sur le Saint-Laurent.

NIDIFICATION: Niche en colonies, à même le sol ou dans des arbres près de l'eau, souvent en compagnie d'autres espèces dont le Grand Cormoran, le Goéland argenté et le Grand Héron. Le nid utilisé année après année est un amas assez volumineux de branchages et de débris végétaux divers.

La femelle pond habituellement trois ou quatre oeufs que les deux parents couvent 28 jours environ. Les oeufs éclosent sur une période de deux à sept jours, et les jeunes qui naissent nus se couvrent de plumes au bout de deux semaines. Les parents régurgitent la nourriture aux oisillons ou les laissent aller la chercher dans le fond de leur gorge. Les jeunes volent à six semaines et deviennent indépendants à dix semaines. Ils se reproduisent à l'âge de trois ans.

ALIMENTATION: Se nourrit surtout de poissons, mais aussi de crustacés et d'amphibiens.

NOTES:
- Cormoran, tiré du vieux français, signifie corbeau marin. L'espèce doit probablement son nom à la couleur de son plumage.
- Comme il n'a pas de narines, le Cormoran à aigrettes doit respirer par la bouche. Contrairement aux oiseaux qui ont une plaque incubatrice, il garde les oeufs au chaud en les recouvrant avec ses pieds. Les cormorans appartiennent à la même famille que les pélicans; ils possèdent une petite poche gulaire.
- Le cormoran s'observe souvent perché bien droit sur un rocher à fleur d'eau, tenant ses ailes ouvertes pour se sécher. Son plumage qui n'est pas complètement imperméable comme celui des canards lui facilite ses plongées mais l'alourdit quand vient le temps de s'envoler.
- Cette espèce protégée par les lois canadienne et américaine depuis 1972 a figuré de 1972 à 1981 sur la liste des oiseaux menacés établie par la société américaine Audubon. Aujourd'hui, sa population semble stable ou en croissance rapide dans certaines régions. Il en est ainsi dans l'estuaire du Saint-Laurent où, selon les relevés du ministère du Loisir, de la Chasse et de la Pêche du Québec, la population des Cormorans à aigrettes est passée de 12 000 oiseaux en 1979 à quelque 50 000 en 1989. Le Ministère cherche à en circonscrire la croissance, l'espèce risquant d'endommager les territoires de nidification d'autres espèces nicheuses dont l'Eider à duvet (*Somateria mollissima*). En effet, la fiente acide des cormorans détruit peu à peu toute végétation, ce qui donne à ces lieux un aspect désolé.

BUTOR D'AMÉRIQUE

Ordre : Ciconiiformes
Famille : Ardeidae

Botaurus lentiginosus
American Bittern
Pompeux, embouteilleur, cou long, jeune grue

Héron plus petit que la bernache. Plumage brun jaunâtre. Ailes en deux tons, plus foncées au bout. Long bec jaunâtre.

Taille : 70 cm (61-86 cm)
Poids : 700 g

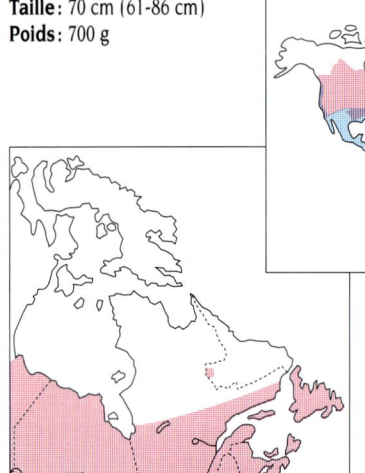

RÉPARTITION : Niche dans la majorité des régions du Canada et des États-Unis, quoique plus rarement dans le sud des États-Unis. Hiverne depuis le sud de son aire de reproduction jusqu'en Amérique centrale.

Au Québec, niche jusqu'à la hauteur de la baie James (52e parallèle), rarement plus au nord, et s'observe partout plus au sud surtout entre la fin avril et la mi-octobre.

DESCRIPTION : Les adultes des deux sexes et les juvéniles sont identiques. Le plumage du dos est brun vermiculé, le dessous est rayé de brun, et les ailes en deux tons sont plus foncées au bout. Une raie noire qui n'est pas toujours visible s'étend sur le côté du cou. Le bec long et fort est jaunâtre à l'exception d'une bande noire sur la mandibule supérieure.

En vol, notez le cou replié et les pattes dépassant le corps. Le Butor d'Amérique vole en ligne droite d'un battement d'ailes régulier et assez rapide.

Il émet un bruit de pompe donné en trois notes du genre « ploub bloup ploup », entendu au printemps.

ESPÈCE SEMBLABLE : Chez les juvéniles, le Bihoreau à couronne noire, au plumage rayé et plus foncé, dont le dessus des ailes n'a pas deux tons.

HABITAT: Fréquente les milieux humides d'eau douce ou d'eau salée et les bords de lacs ou de rivières bordés de plantes émergentes hautes. En zone forestière, s'observe plus souvent dans les Appalaches que dans les Laurentides. Se rencontre fréquemment dans les champs où il fait la chasse aux sauterelles et aux souris.

NIDIFICATION: Niche en solitaire. Le nid est une plate-forme de végétation construite au-dessus de l'eau parmi les plantes émergentes, et plus rarement au sec dans un champ.

La femelle pond à intervalles de 48 heures de quatre à six oeufs qu'elle couve seule 28 ou 29 jours. Comme la couvaison débute après la ponte du premier oeuf, les jeunes ne naissent pas tous en même temps. La femelle les nourrit pendant les deux premières semaines en leur régurgitant la nourriture à demi digérée. Les oisillons quittent le nid au bout de ces deux semaines.

ALIMENTATION: Se nourrit d'amphibiens, de reptiles, de poissons, de gros insectes et de petits mammifères. Capture ses proies en chassant à l'affût ou en se déplaçant lentement dans l'eau peu profonde.

NOTES:

• Cet échassier s'entend plus souvent qu'il ne se voit. En effet, s'il est surpris, il se camoufle en restant figé, le bec pointé vers le ciel, ce qui le rend presque invisible. Dans les îles du Saint-Laurent, ce comportement lui est parfois fatal quand l'«ennemi» est une faucheuse, qui tue l'oiseau trop bien dissimulé.

• Les bihoreaux d'aspect plus trapu se perchent souvent dans les arbres, fait exceptionnel chez le Butor d'Amérique.

• Un butor blessé ou feignant de l'être peut se servir de son bec long et fort comme d'une arme redoutable contre quiconque voudrait s'emparer de lui.

• La population de l'espèce aurait diminué à l'échelle continentale, en particulier depuis 1975. Cette baisse serait attribuable à la perte d'habitats convenables, surtout dans les régions habitées, et aux pesticides.

• Les membres de la famille des hérons possèdent un duvet poudreux qui se renouvelle continuellement. En tombant, ce duvet forme une poudre dont les oiseaux recouvrent leur plumage pour l'imperméabiliser et le nettoyer. L'ongle pectiné du doigt médian leur sert de peigne.

GRAND HÉRON

Ordre: Ciconiiformes
Famille: Ardeidae

Ardea herodias
Great Blue Heron
Héron bleu, grue

Héron plus grand que la bernache. Plumage grisâtre. Bec pâle, long, fort et pointu. Vole avec son long cou replié sur les épaules.

Taille: 1,2 m (108-132 cm)
Poids: 3 kg

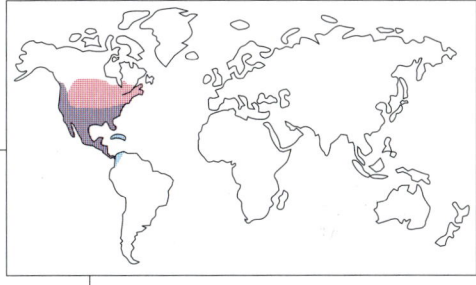

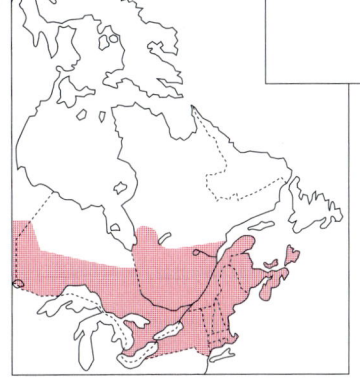

RÉPARTITION: Niche partout au Canada, et jusqu'en Amérique centrale. Hiverne en petit nombre dans l'extrême sud du Canada et le centre des États-Unis, mais surtout depuis le sud des États-Unis jusqu'au Venezuela.

Au Québec, niche partout jusqu'à la hauteur de la baie James et s'observe surtout de la fin mars à la fin novembre.

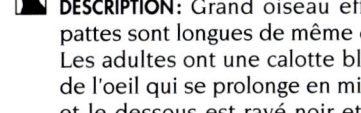

DESCRIPTION: Grand oiseau effilé au bec long, fort et pointu. Les pattes sont longues de même que le cou, et le plumage est grisâtre. Les adultes ont une calotte blanche et une bande noire au-dessus de l'oeil qui se prolonge en mince huppe noire. Le bec est jaunâtre, et le dessous est rayé noir et blanc. Au printemps, l'oiseau porte des aigrettes gris pâle à la base du cou et sur le dos. Les pattes brun gris deviennent plus pâles et le bec est presque orangé. Les juvéniles sont semblables aux adultes mais ont une calotte gris ardoisé sans huppe.

En vol, notez le cou replié en S sur les épaules, les longues pattes bien apparentes et le battement d'ailes lent et puissant.

Le Grand Héron fait entendre différents cris rauques, courts et puissants et un «oinc» nasillard plus retentissant encore.

ESPÈCES SEMBLABLES: La Grande Aigrette, de même taille et d'allure semblable, mais sans huppe, dont le plumage est entièrement blanc, et dont les pattes sont noires.

La Grue du Canada, de même taille, dont le plumage est uniformément gris, avec du rouge à la tête et un plumeau, et qui ne porte pas de huppe. Son bec est foncé. Cette espèce vole le cou tendu.

HABITAT: Fréquente toutes sortes de plans d'eau douce ou d'eau salée, calmes et peu profonds. S'observe aussi pêchant dans les rivières à débit lent.

NIDIFICATION: Le Grand Héron niche en colonies dont la taille peut varier de quelques couples à plusieurs centaines. Composé de branches entremêlées, le nid volumineux est le plus souvent situé au sommet d'un arbre, plus rarement au sol ou dans un arbuste, parfois loin de tout point d'eau.

La femelle pond habituellement quatre oeufs à intervalles de 48 heures environ. Les deux parents couvent les oeufs de 25 à 28 jours. Étant donné que la couvaison débute après la ponte du premier oeuf, les jeunes ne naissent pas tous en même temps. Ils effectuent leur premier vol après une soixantaine de jours. Ils reviennent souvent au nid, qu'ils ne quittent définitivement qu'au bout d'une période pouvant atteindre 91 jours. Près de 65 p. 100 des jeunes meurent la première année, surtout de faim, mais aussi sous la dent de prédateurs comme le raton laveur ou encore en tombant du nid.

Au printemps, le mâle effectue une série de mouvements rituels pour attirer la femelle. Si cette dernière se montre intéressée, il y a pariade, puis ajout de matériel à un nid existant ou construction d'un nouveau nid.

ALIMENTATION: Se nourrit essentiellement de poissons, de grenouilles, de salamandres, de couleuvres, de grands insectes et de petits mammifères. Capture ses proies en se tenant immobile dans l'eau ou en marchant lentement jusqu'à ce que, d'une formidable détente du cou, il attrape sa victime qu'il avalera tout d'une pièce et tête première. Pêche le jour et la nuit.

Comme les hiboux, le Grand Héron rejette les parties indigestes (os, poils) sous forme de boulettes.

NOTES:
- La majorité des 217 héronnières connues au Québec en 1988 étaient situées dans les forêts de l'Outaouais. Le taux annuel de réutilisation des héronnières est d'environ 70 p. 100. Le dérangement humain, et la perte ou la dégradation des aires d'alimentation et de nidification peuvent provoquer l'abandon d'une héronnière.
- La colonie de Grands Hérons de l'archipel Berthier-Sorel, l'une des plus grandes au monde, comptait près de 950 couples au printemps 1991.
- La longévité maximale connue chez cette espèce serait de 21 ans.

GRANDE AIGRETTE

Ordre: Ciconiiformes
Famille: Ardeidae

Casmerodius albus
Great Egret

Héron plus grand que la bernache. Plumage tout blanc, pattes noires et long bec jaune.

Taille: 95 cm (88-107 cm)
Poids: 1 kg

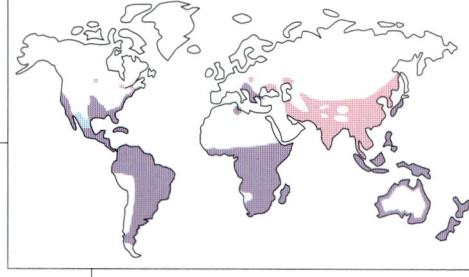

RÉPARTITION: Niche en très petit nombre dans le sud de la Saskatchewan, du Manitoba, de l'Ontario et du Québec. Niche également dans plusieurs régions des États-Unis et jusqu'en Amérique du Sud. Dans l'est de l'Amérique du Nord, hiverne en Caroline du Nord et plus au sud.

Au Québec, s'observe en de rares occasions dans le sud, surtout entre les mois de mai et septembre.

DESCRIPTION: Les adultes des deux sexes et les juvéniles sont identiques. Le plumage est blanc. Le bec est jaune, et les pattes ainsi que les pieds sont noirs. Au printemps, de longues plumes fines appelées aigrettes ornent le dos.

ESPÈCES SEMBLABLES: Le Grand Héron, qui a la même allure mais un plumage grisâtre.

L'Aigrette neigeuse (*Egretta thula*), rarement observée dans nos régions, qui a aussi un plumage tout blanc. Elle est cependant plus petite que la Grande Aigrette, et elle a le bec noir et les pieds jaunes.

HABITAT: Fréquente toutes sortes de milieux d'eau douce ou d'eau salée. Au Québec, s'observe surtout dans les marais des basses terres du Saint-Laurent.

NIDIFICATION: Niche habituellement en colonies, parfois en compagnie d'autres espèces comme le Bihoreau à couronne noire ou le Grand Héron. Le nid est un amas de branches installé dans un buisson ou un arbre, à une hauteur variable.

La femelle pond de trois à cinq oeufs que les deux parents couvent de 23 à 26 jours. Les jeunes quittent le nid vers la troisième semaine mais ne voleront pas avant la quatrième.

ALIMENTATION: Se nourrit essentiellement de poissons, de reptiles, d'écrevisses, d'amphibiens et d'insectes. Tout comme le Grand Héron, attrape ses proies d'un coup de bec rapide en se déplaçant lentement dans l'eau peu profonde.

NOTES:
- Le terme aigrette, de l'ancien français aigron, signifie héron. C'est donc l'oiseau qui a donné son nom aux plumes qui le parent, et non l'inverse.
- À la fin du siècle dernier et au tout début de ce siècle, les plumes des oiseaux de cette espèce ainsi que celles de plusieurs autres membres de la famille des hérons et des sternes surtout, étaient très recherchées pour orner les chapeaux des dames. Devant la vague de tueries dans les terrains de nidification que cette mode provoqua, le gouvernement américain a adopté des lois sévères protégeant ces oiseaux et interdisant le port de chapeaux ainsi parés. À cette époque, les plumes valaient deux fois leur pesant d'or. Quelque 65 espèces d'oiseaux ont ainsi servi aux besoins de l'industrie chapelière.
- Depuis le début des années 60, la population nord-américaine de la Grande Aigrette a augmenté et son aire de répartition s'est étendue. Il en va ainsi pour d'autres membres de la même famille dont le Héron garde-boeufs (*Bubulcus ibis*), l'Aigrette neigeuse (*Egretta thula*) et l'Ibis falcinelle (*Plegadis falcinellus*).
- En été, la Grande Aigrette s'observe régulièrement dans le marais de Bittern Creek, sur la réserve amérindienne d'Akwesasne, près de Cornwall.
- Bien que l'espèce soit observée régulièrement au Québec depuis le début des années 70, sa nidification n'a été confirmée qu'en 1984 dans une île du lac Saint-François, au sud de Montréal.
- On croit que cet oiseau pourrait vivre jusqu'à 22 ans.

BIHOREAU À COURONNE NOIRE

Ordre: Ciconiiformes
Famille: Ardeidae

Nycticorax nycticorax
Black-crowned Night-Heron
Couac, héron de nuit
(Bihoreau gris)

Héron trapu plus petit que la bernache. Chez l'adulte, dessous blanchâtre, calotte et dos noirs. Actif surtout au crépuscule.

Taille: 65 cm (58-71 cm)
Poids: 900 g

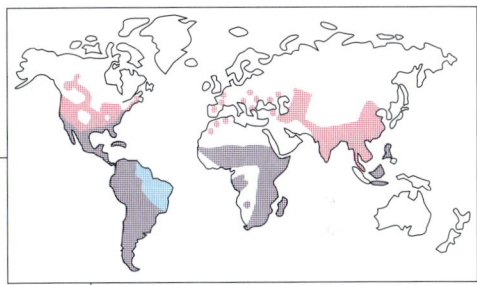

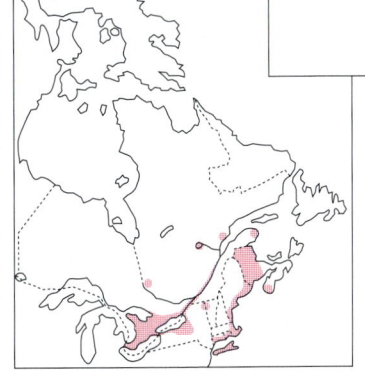

RÉPARTITION: Niche au Canada depuis l'Alberta jusque dans l'Est, et un peu partout sur le continent: Amérique du Sud, Amérique centrale, Antilles et États-Unis. Hiverne le long des côtes américaines jusqu'en Amérique du Sud.

Au Québec, niche surtout le long du Saint-Laurent (et par endroits au lac Saint-Jean et en Gaspésie), et s'observe principalement entre la mi-avril et la mi-octobre.

DESCRIPTION: Les adultes ont le bec, la calotte et le dos noirs, contrastant avec le dessous blanchâtre. Les ailes, la queue et le croupion sont gris, l'oeil est rouge et les pattes sont jaunâtres. Quelques longues plumes blanches retombent derrière la tête pendant la saison de reproduction, et les pattes deviennent alors rougeâtres. Les juvéniles sont brunâtres, avec le dessous du corps rayé et le dessus moucheté de blanc.

En vol, notez le battement d'ailes lourd et régulier et les pattes qui dépassent à peine du corps, ce qui donne à l'espèce une allure plus trapue que celle des autres hérons.

Le cri ressemble à un «couac» fort, sec et rauque, lâché en plein vol.

ESPÈCE SEMBLABLE: Chez les juvéniles, le Butor d'Amérique, dont le plumage est plus jaune et qui a des rayures noires au cou et le dessus des ailes en deux tons.

HABITAT: Fréquente toutes sortes d'habitats, en eau douce ou en eau salée. Niche et dort souvent perché dans un arbre.

 NIDIFICATION: Niche en colonies dans les arbres, ou encore dans les buissons ou au sol, souvent en compagnie du Grand Héron. Le nid réutilisé d'année en année consiste en un amas de petites branches.

La femelle pond de trois à cinq oeufs à intervalles de 48 heures environ. Les deux parents couvent les oeufs pendant 25 jours environ. Étant donné que la couvaison débute après la ponte du premier oeuf, les jeunes ne naissent pas tous en même temps. Ils sont nourris par les parents et quittent le nid définitivement vers la quatrième semaine. Ils volent vers la sixième semaine.

 ALIMENTATION: Menu très varié, mais se nourrit principalement de petits poissons, d'amphibiens et d'insectes. Mange aussi parfois les petits d'autres espèces d'oiseaux aquatiques. Chasse surtout à l'affût ou en marchant tranquillement. On l'observe à l'occasion en train de pêcher sur les quais, les jetées ou les barrages.

NOTES:

- Bien qu'il soit possible de l'observer le jour, ce héron est actif surtout au crépuscule, quand il gagne ses lieux de pêche favoris.
- Sauf à la saison de nidification pendant laquelle ils sont plus actifs, les oiseaux de l'espèce passent souvent une bonne partie de la journée perchés en bande, dans des arbres en bordure de l'eau ou dans l'eau. Ce lieu de rassemblement est appelé dortoir, roquerie ou rookerie.
- La longévité maximale connue chez cette espèce serait de 21 ans. (En moyenne, ce cormoran vit moins de 3 ans.)

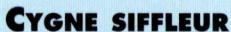

CYGNE SIFFLEUR

Ordre: Anseriformes
Famille: Anatidae

Cygnus columbianus
Tundra Swan

Oiseau plus grand que la bernache. Cou très long, plumage tout blanc. Bec noir souvent marqué d'une tache jaune à la base.

Taille: 1,3 m (121-140 cm)
Poids: 7 kg

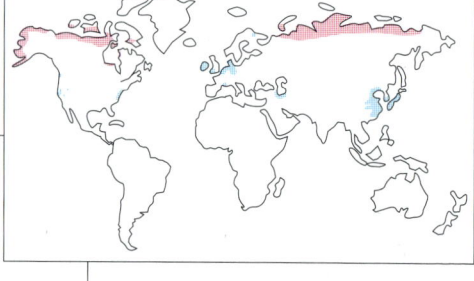

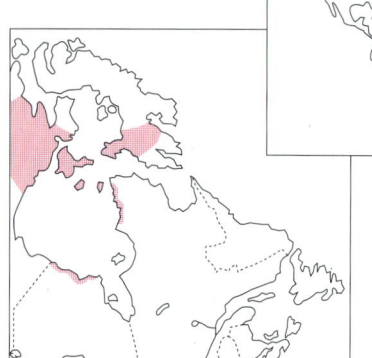

RÉPARTITION: Niche au Canada et en Alaska, à la hauteur de la baie d'Hudson et plus au nord. Hiverne aux États-Unis sur la côte atlantique, depuis le Maryland jusqu'en Caroline du Nord. Une partie de la population nichant en Alaska et dans le centre du continent migre d'abord du nord au sud, pour ensuite se diriger vers la côte est américaine.

Au Québec, niche par endroits (population estimée à moins de 1 000 individus), le long des côtes de la baie d'Hudson et s'observe en de rares occasions plus au sud en migration. S'observe entre la fin mars et le mois de décembre.

 DESCRIPTION: Les adultes des deux sexes sont semblables. Le plumage est tout blanc et le cou est très long. Le bec, les pattes et les pieds sont noirs. Une petite tache jaune apparaît souvent à la base du bec, devant l'oeil. Comme chez l'Oie des neiges, la face peut être teintée de rouille à cause du fer se trouvant dans le sol qu'elle fouille pour s'alimenter. Les jeunes ont un plumage gris délavé, avec le bec incarnat et noir. Ils acquièrent leur plumage adulte à leur deuxième printemps.

Le cri musical aigu et flûté, souvent trisyllabique, rappelle un peu celui de l'Oie des neiges.

 ESPÈCE SEMBLABLE: Le Cygne tuberculé (*Cygnus olor*), souvent gardé en captivité, qui porte une protubérance noire à la base de son bec orangé.

HABITAT: En période de reproduction, fréquente les lacs et les milieux humides de la toundra. En migration, on l'observe sur différents plans d'eau de grande superficie. Fréquente aussi les champs pour s'alimenter, surtout dans ses quartiers d'hiver.

 NIDIFICATION: Le nid est un amas de végétaux formant un monticule imposant avec une dépression au centre. Il est installé dans l'eau peu profonde et parfois sur la terre ferme.

La femelle pond habituellement quatre ou cinq oeufs qu'elle couve 32 jours. Les deux parents accompagnent les jeunes, qui peuvent voler vers leur neuvième semaine.

L'oisillon, qui pèse environ 200 g à la naissance, atteindra les 5 kg 70 jours plus tard. Pendant cette même période, la femelle reprendra les quelques kilos perdus lors de la ponte et de la couvaison.

La famille restera unie jusqu'au printemps suivant. Comme chez les oies, les couples s'unissent pour la vie.

 ALIMENTATION: Se nourrit essentiellement de végétaux. En période de reproduction et au moment de la mue, consomme aussi beaucoup d'invertébrés.

 NOTES:

• De 50 000 qu'elle était en 1950, la population continentale de l'espèce a sensiblement augmenté pour atteindre plus de 170 000 oiseaux en 1989.

• Les quelques milliers de Cygnes siffleurs qui s'arrêtent environ deux semaines vers la mi-mars sur le lac Érié dans la région de Long Point offrent un spectacle des plus impressionnants.

OIE DES NEIGES

Ordre: Anseriformes
Famille: Anatidae

Chen caerulescens
Snow Goose
Oie blanche

Oie de la taille de la bernache. Plumage tout blanc chez les adultes, sauf le bout des ailes noir. Bec et pattes rose chair.

Taille: 70 cm (63,5-76 cm)
Poids: 3 kg

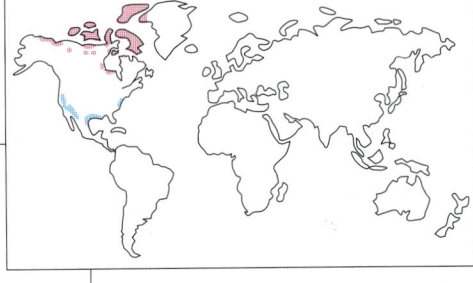

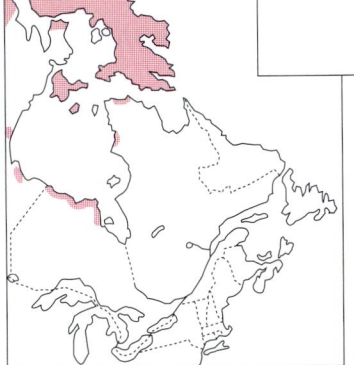

RÉPARTITION: Niche dans l'Arctique canadien à partir de la baie d'Hudson, ainsi qu'en Alaska. Hiverne principalement sur les côtes américaines.

Au Québec, niche dans l'extrême nord. S'observe au printemps (de la fin mars à la mi-mai) surtout dans la vallée du Richelieu et le long du fleuve Saint-Laurent, depuis Montréal jusqu'à Rimouski. À l'automne (de la fin septembre au début novembre), s'observe plus souvent à l'est de Québec.

DESCRIPTION: Les adultes des deux sexes sont identiques. Le plumage est tout blanc, exception faite du bout des ailes, noir. Le bec fort est rosé bordé de noir. Les pattes sont rose chair. Souvent, la face et une partie du cou et de la poitrine sont tachées de rouille à cause du fer dans le sol que l'oie fouille pour s'alimenter. Les juvéniles, faciles à distinguer à l'automne et au printemps, ont un plumage grisâtre, et les pattes ainsi que le bec foncés.

En vol, notez le battement d'ailes plus rapide et moins ample que celui de la bernache, et l'agencement noir et blanc du plumage des ailes. Toujours observées en bandes, les oies ne forment pas souvent le V caractéristique des bernaches en vol.

Le cri aigu, nasillard et monosyllabique, du genre «houc», est souvent lâché à l'unisson.

ESPÈCE SEMBLABLE: L'Oie de Ross (*Anser rossii*), également toute blanche mais plus petite, dont le bec est court et sans bordures noires. Elle est rarement observée dans nos régions, ses migrations l'amenant plutôt dans le centre du continent.

HABITAT : Niche dans la toundra. Au printemps, fréquente les plaines d'inondation et les champs de céréales, souvent loin de l'eau. Plus abondante cependant dans les marais saumâtres de l'estuaire du Saint-Laurent, où elle fréquente également les champs cultivés.

NIDIFICATION : Niche en colonies lâches. Le nid aménagé à même le sol se compose de mousses et de lichens et est tapissé de duvet.

La femelle y dépose habituellement quatre oeufs qu'elle couve seule environ 24 jours, le mâle assurant la garde à proximité. Les jeunes s'alimentent presque 24 heures par jour pendant l'été boréal, et ils peuvent voler vers leur sixième semaine.

La famille reste unie jusqu'au printemps suivant, tandis que les couples sont formés pour la vie. Les jeunes se reproduisent à partir de la deuxième année, plus fréquemment la troisième année.

Les conditions climatiques sur les terrains de nidification ont un effet déterminant sur le taux de reproduction, la proportion de jeunes dans le troupeau automnal pouvant aussi bien atteindre 30 p. 100 qu'être nulle selon que la saison a été bonne ou mauvaise.

Si le froid et la neige ont retardé de beaucoup le début de la nidification, la femelle adopte parfois un comportement bizarre; on la verra pondre au hasard dans la toundra, sans couver ses oeufs, pour se débarrasser de son poids en «sachant» qu'il ne lui restera pas suffisamment de temps pour assurer le développement des jeunes avant le départ du troupeau. Contrairement aux espèces nichant plus au sud, l'Oie des neiges ne peut pondre une deuxième fois à ces latitudes advenant la destruction de la première ponte, la période de couvaison et de croissance des jeunes, environ 80 jours, dépassant le court été boréal.

ALIMENTATION : Se nourrit surtout de végétaux. Son bec fort aux bords tranchants lui permet de fouiller dans le sol et d'en retirer des rhizomes, surtout ceux du scirpe américain et de la spartine à fleurs alternes. Peut également brouter les jeunes pousses d'une prairie à la manière d'une bernache.

NOTES :

• Il existe deux sous-espèces : *Chen caerulescens atlanticus*, la plus grande, migrant surtout sur la côte atlantique, et *Chen caerulescens caerulescens*, légèrement plus petite, parfois de coloration bleu foncé mais toujours avec le bec et les pattes roses, migrant surtout dans le centre et l'ouest du continent.

• De quelques milliers au début du siècle, la population de l'espèce a atteint les 400 000 à la fin des années 80. Ce redressement serait attribuable à l'interdiction de la chasse pendant longtemps, à l'accroissement du taux de reproduction grâce à des conditions climatiques favorables sur les aires de nidification, et à la colonisation de nouveaux territoires de reproduction.

• C'est depuis que la population de l'espèce a augmenté que l'on observe plus fréquemment l'Oie des neiges ailleurs que dans les marais saumâtres de l'estuaire du Saint-Laurent. Ainsi, la plaine

Francis Bélanger

d'inondation du lac Saint-Pierre accueille quelque 40 000 oiseaux depuis le début des années 80, mais les battures du cap Tourmente et celles de Montmagny, en aval de Québec, attirent toujours le gros du troupeau au printemps (du 1er avril au 15 mai) et à l'automne (du 20 septembre au 25 octobre).
- On croit que cet oiseau pourrait vivre jusqu'à 17 ans.

BERNACHE DU CANADA

Ordre: Anseriformes
Famille: Anatidae

Branta canadensis
Canada Goose
Outarde

Oie au long cou noir tranché de blanc d'une joue à l'autre. Pattes et bec noirs.

Taille: 87 cm (82-91 cm)
Poids: 4 kg

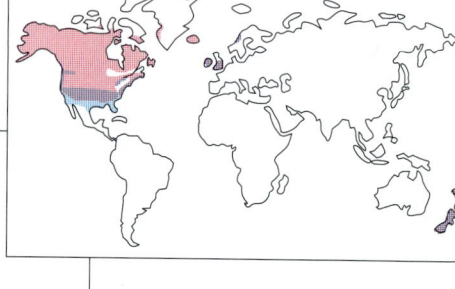

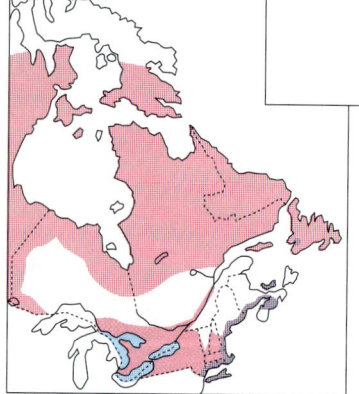

RÉPARTITION: Niche partout au Canada y compris dans l'Arctique, et dans le centre des États-Unis. Hiverne depuis le sud du Canada jusqu'au Mexique, avec des concentrations dans la baie de Chesapeake, sur la côte est des États-Unis, et dans le golfe du Mexique.

Au Québec, niche principalement au nord de Chibougamau (50e parallèle) et s'observe partout lors des migrations. À l'automne, la migration atteint son apogée vers le 10 octobre.

DESCRIPTION: Les adultes des deux sexes et les juvéniles ont le même plumage. Le dos est brunâtre, et la poitrine ainsi que le dessous sont blanchâtres. Le long cou noir est tranché de blanc d'une joue à l'autre. Les pattes et le bec sont également noirs. La femelle est légèrement plus petite que le mâle.

En vol, notez le battement d'ailes puissant et régulier. À l'époque des migrations, de grandes volées souvent bruyantes traversent nos régions en formant un V caractéristique.

Le cri puissant est donné en vol ou au sol. Il ressemble à un «hâ-unk», en insistant sur la deuxième partie qui est plus aiguë.

ESPÈCES SEMBLABLES: La Bernache cravant (*Branta bernicla*), plus petite que les bernaches fréquentant nos régions. Le noir de son cou s'étend à sa poitrine, et la région blanche sous ses joues est beaucoup moins évidente et parfois absente. Cette espèce qui préfère les habitats d'eau salée s'observe régulièrement quand elle passe à l'intérieur des terres vers la fin mai.

L'Oie rieuse (A*nser albifrons*), dont le front est blanc, le bec rose et le ventre brunâtre taché de noir. Elle s'observe en de rares occasions au printemps, parmi les Bernaches du Canada.

HABITAT: Fréquente toutes sortes de milieux, depuis les grands parcs urbains jusqu'aux plateaux de l'Arctique, en passant par les Prairies et les régions boisées montagneuses. En migration, recherche les terres inondées et les champs cultivés. S'observe à proximité des plans d'eau douce ou salée.

NIDIFICATION: Le nid consiste habituellement en une dépression bordée de végétation et tapissée de duvet. Il peut être installé sur un îlot, une hutte de castor ou de rat musqué, une corniche, dans l'ancien nid d'un rapace dans un arbre, ou sur une installation conçue à cette fin.

La femelle pond de quatre à six oeufs qu'elle couve seule de 24 à 30 jours selon la sous-espèce. Le mâle monte la garde à proximité et repousse tout intrus à coups de bec ou en le frappant de ses ailes. Les oisons quittent le nid moins de 24 heures après l'éclosion et suivent les parents pendant plusieurs semaines. Ils peuvent voler quelque 60 jours après leur naissance.

La famille reste unie jusqu'au printemps suivant, et les parents le restent pour la vie. À la mort de l'un d'eux, l'autre peut s'accoupler à nouveau. Les jeunes commencent à nicher à l'âge de deux ou, plus souvent, de trois ans. La Bernache revient au même nid chaque année.

 ALIMENTATION: Régime varié. Durant la migration automnale, se nourrit de résidus de maïs laissés dans les champs et d'airelles qui poussent dans les tourbières. Mange différentes espèces d'invertébrés aquatiques, surtout à l'époque de la reproduction.

NOTES:

• En Amérique du Nord, l'espèce compte une dizaine de sous-espèces dont la taille varie entre celle du Canard noir, dans le cas de B. *canadensis minima*, et celle d'un cygne, dans le cas de B. *canadensis maxima*. Dans nos régions, on observe surtout B. *canadensis canadensis* et B. *canadensis interior*. L'isolement géographique des populations lors de la dernière glaciation expliquerait la multiplication des sous-espèces, dont certaines partagent les mêmes quartiers d'hiver sans qu'il y ait souvent hybridation.

• Trois espèces de grands oiseaux terrestres bien différents de notre bernache portent le nom d'outarde en Europe.

• La population de la Bernache du Canada est en croissance partout sur le continent. Par exemple, de 179 000 qu'elle était dans le couloir migratoire de l'Atlantique à l'hiver de 1948, elle atteignait les 800 000 au début de 1980. Cette augmentation semble être liée à l'accroissement des surfaces cultivées en céréales et à la mise en place de refuges pour oiseaux migrateurs, principalement dans les quartiers d'hiver en bordure de la baie de Chesapeake, sur la côte est des États-Unis.

• L'introduction de la Bernache dans des régions bien au sud de son aire de reproduction nordique, notamment à Toronto et à Upper Canada Village, près de Cornwall, a donné d'excellents résultats.

• Il n'est pas évident que les formations en V permettent aux bernaches de voler sans trop dépenser d'énergie. Le fait de demeurer ainsi en contact visuel aurait plutôt l'avantage de réduire les risques de collision.

• Au printemps, les bernaches suivent la fonte des glaces vers le nord pour arriver dans nos régions vers la mi-mars. Les volées grossissent jusqu'au début mai, époque où les bernaches gagnent leur aire de reproduction nordique.

• Quand les conditions météorologiques sont favorables, les oiseaux migrent jour et nuit, ce qui peut donner l'impression qu'il en est passé un moins grand nombre certaines années.

• La longévité maximale connue chez cette espèce serait de 23 ans.

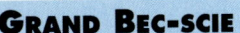

GRAND BEC-SCIE

Ordre: Anseriformes
Famille: Anatidae

Mergus merganser
Common Merganser
Bec-scie commun, harle, bec-en-scie, bec-à-scie
(Harle bièvre)

Canard plongeur plus petit que la bernache. Tête foncée tranchant nettement avec la gorge blanche. Front plutôt fuyant. Bec rouge effilé.

Taille: 65 cm (53-68,5 cm)
Poids: 1,4 kg

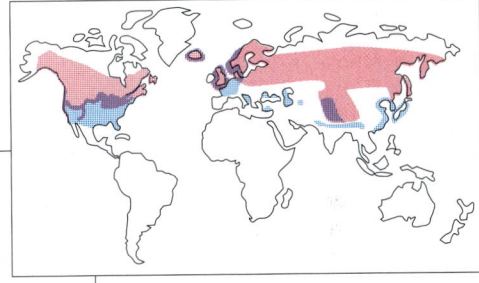

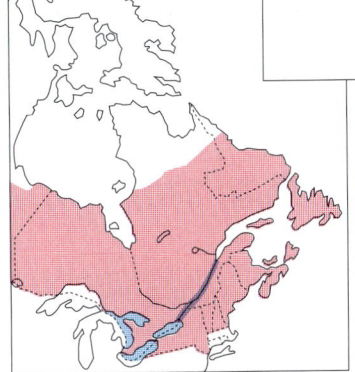

RÉPARTITION: Niche en Alaska, partout au Canada jusqu'à la limite des arbres, ainsi que dans les États du nord des États-Unis. Hiverne principalement à l'intérieur du continent et sur les côtes américaines, jusqu'au nord du Mexique.

Au Québec, niche jusqu'à la hauteur de la baie d'Hudson (55e parallèle) et s'observe toute l'année.

DESCRIPTION: Le mâle adulte en plumage nuptial a un bec effilé rouge vif, une tête noire sans huppe avec des reflets verts et un corps presque tout blanc, sauf pour le noir du dos et du bout des ailes, et le plumage des côtés qui prend une teinte saumon. Le miroir est blanc tant chez la femelle que chez le mâle, ce dernier ayant en plus, juste au-dessus du miroir, une grande zone blanche qui fait paraître le dessus de l'aile blanc près du corps et foncé vers l'extrémité. En été et à l'automne, le plumage du mâle est semblable à celui de la femelle. Celle-ci a la tête brune, une huppe ébouriffée de même couleur, le bec rouge, le dos gris brun, la gorge blanche et le haut du cou brun tranchant nettement avec le dessous pâle.

En vol, le corps, la tête et la queue sont alignés selon un axe horizontal donnant à l'espèce une allure effilée caractéristique des becs-scie. Le battement d'ailes est rapide et de faible amplitude, et le vol est souvent en ligne droite et au ras de l'eau.

ESPÈCE SEMBLABLE: Chez les femelles, le Bec-scie à poitrine rousse, chez qui il n'y a pas de nette démarcation entre la coloration de la gorge et celle de la tête, brun roux, et dont le front est plus abrupt.

HABITAT: Fréquente surtout les habitats d'eau douce. Pendant la période de nidification, s'observe surtout près des lacs et des rivières aux eaux claires, en forêt. Il occupe alors le même territoire de nidification que le Huart à collier qui, souvent, le pourchasse. Le Grand Bec-scie peut cependant se contenter de nicher à proximité de lacs plus petits parce qu'il n'a pas besoin d'autant d'espace que le Huart pour s'envoler. En migration et en hiver, s'observe sur les grands plans d'eau douce.

NIDIFICATION: Niche le plus souvent dans la cavité d'un arbre, mais aussi à même le sol près de l'eau. Le nid est une dépression en forme de bol tapissée de végétaux et de duvet.

La femelle couve seule une dizaine d'oeufs pendant 28 à 35 jours. Les canetons quittent le nid moins de 48 heures après l'éclosion et peuvent voler vers l'âge de dix semaines. Ils se reproduisent à partir de leur deuxième année.

ALIMENTATION: Se nourrit surtout de petits poissons, mais aussi de salamandres et d'autres amphibiens, de mollusques et de crustacés. Mange parfois de jeunes saumons ou de jeunes truites, mais se contente le plus souvent de poissons moins recherchés.

Chez les bec-scie, la capture des poissons est facilitée par la présence de lamelles rigides sur le bec.

NOTES:
- Dans le couloir migratoire de l'Atlantique, le Grand Bec-scie est trois fois moins abondant que le Bec-scie à poitrine rousse.
- En Finlande, ce bec-scie utilise des nichoirs, ce qui est inusité dans nos régions, les nichoirs étant conçus ici pour des canards plus petits comme le Canard branchu.

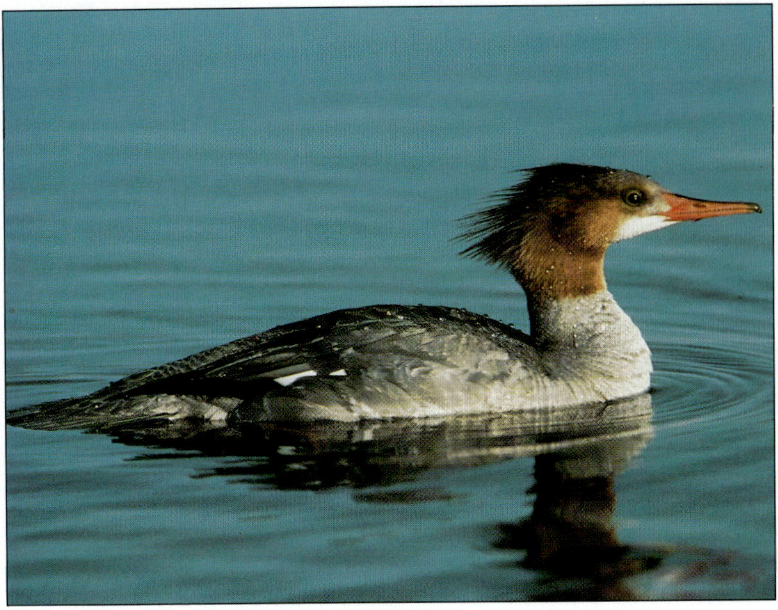

Guy C. Fontaine / Canards Illimités

Scott Nielsen / Canards Illimités

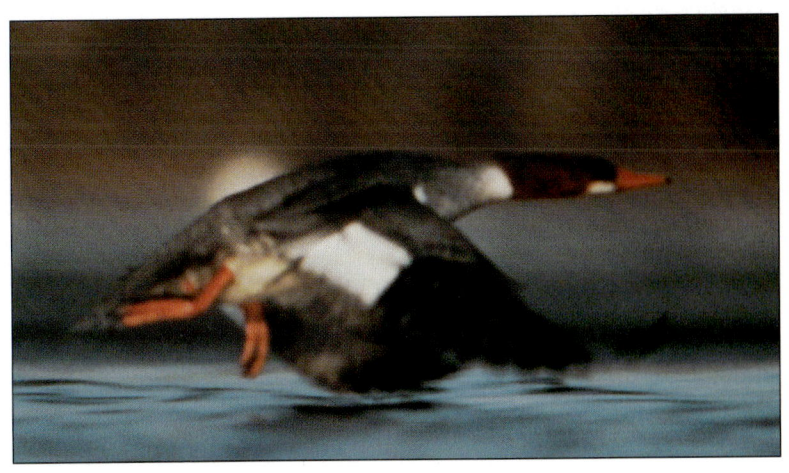

PYGARGUE À TÊTE BLANCHE

Ordre: Falconiformes
Famille: Accipitridae

Haliaeetus leucocephalus
Bald Eagle
<u>Aigle à tête blanche</u>

Rapace diurne plus grand que la bernache. Très grande envergure et gros bec jaune. Tête et queue blanches, plumage brun foncé chez l'adulte.

Taille: ♂ (76-86 cm)
♀ (89-94 cm)
Envergure: 1,10 m
Poids: ♂ 3,9 kg
♀ 5,4 kg

RÉPARTITION: Niche par endroits partout au Canada et jusque dans le sud des États-Unis. La plus grande population nicheuse se trouve en Alaska. Hiverne surtout le long des côtes de l'Alaska et de la Colombie-Britannique, et en moins grand nombre à l'intérieur du continent et sur la côte atlantique.

Au Québec, niche par endroits et s'observe toute l'année mais rarement au sud de Schefferville (55e parallèle).

 DESCRIPTION: Les adultes des deux sexes ont le même plumage mais la femelle est plus grande. La tête et la queue sont toutes blanches et le reste du plumage est brun foncé. Le bec fort et crochu est jaune, tout comme les pattes. Les juvéniles ont un plumage brun marbré de blanc qu'ils conservent quatre ans.

En vol plané, ce rapace diurne de grande taille et de grande envergure tient ses ailes à l'horizontale.

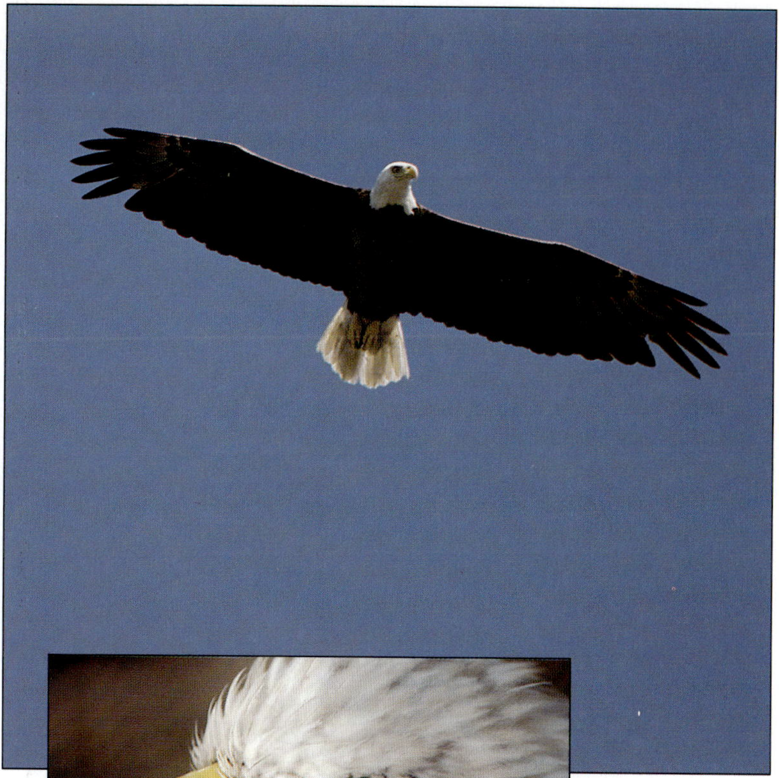

ESPÈCE SEMBLABLE: Chez les juvéniles, l'Aigle royal (*Aquila chrysaetos*). Vu de dessous, il a habituellement une tache blanche à la base de l'aile (dernières rémiges secondaires et premières primaires), formant une région pâle près du bout. Chez les jeunes Pygargues à tête blanche, le blanc sous l'aile est près du corps et se prolonge en diagonale vers le bout. De plus, l'Aigle royal a les tarses emplumés jusqu'aux doigts, et sa tête ainsi que son bec sont moins gros.

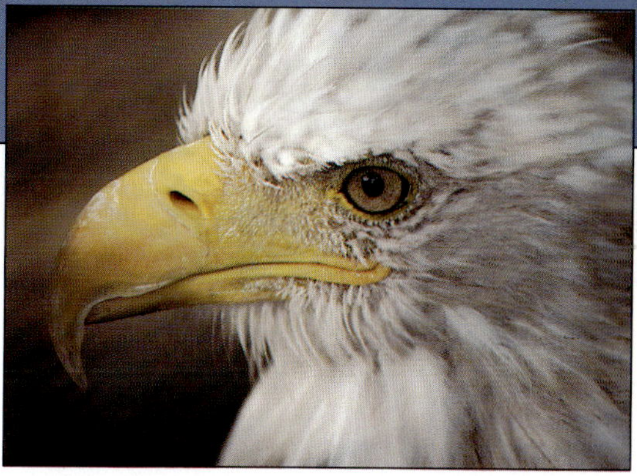

HABITAT: Fréquente les milieux d'eau douce ou d'eau salée en toute saison. À l'intérieur des terres, s'observe en bordure des grands lacs, des réservoirs et des grandes rivières.

NIDIFICATION: Le nid est une masse volumineuse de branches ajoutées d'année en année, d'un diamètre d'au moins 2 mètres. Il est souvent installé sur un promontoire, dans un arbre de grande taille, toujours à proximité de l'eau. Il y a parfois plusieurs nids, dont un seul est utilisé, sur le même territoire.

La femelle pond habituellement deux oeufs que les deux parents couvent 35 jours. Les jeunes quittent le nid et peuvent voler vers l'âge de dix semaines. Il arrive que seulement un des deux aiglons, habituellement le premier-né, atteigne cet âge.

ALIMENTATION: Se nourrit de poissons capturés vivants, mais aussi souvent de poissons morts. Vole parfois la proie capturée par un balbuzard. Mange aussi des oiseaux (par ex. des canards blessés) et des mammifères.

NOTES:

- L'usage répandu de pesticides comme le DDT a causé une baisse considérable de la population de l'espèce après les années 50. Ce poison qui se retrouvait dans la nourriture des pygargues amincissait la coquille des oeufs au point où les adultes la brisaient au moment de couver. Depuis 1972, année où le DDT a été interdit en Amérique du Nord, la population a augmenté dans certaines régions.
- Au New Hampshire à l'été 1989, on a assisté à une première quand un couple de pygargues a adopté un aiglon d'un mois, né dans un zoo, pour remplacer son petit disparu.
- Protégé au Québec depuis 1960, le Pygargue à tête blanche figurait en 1989 sur la liste des espèces en danger dans la province, établie par le Service canadien de la faune. On évaluait alors à moins de 40 le nombre de couples nicheurs au Québec.
- Aux États-Unis, ce rapace est protégé par la loi depuis 1940 dans 48 États, et depuis 1962 sur tout le territoire national. Il semblerait pourtant que bon nombre de pygargues soient encore abattus illégalement ou capturés accidentellement dans des pièges à animaux à fourrure. En Alaska, jusqu'en 1962, une prime de deux dollars était accordée pour une paire de serres de pygargues...
- Quand cet oiseau est devenu l'emblème aviaire des États-Unis en 1782, son plus proche concurrent était... le Dindon sauvage.
- La longévité maximale connue chez le Pygargue à tête blanche serait de 10 ans.

GRUE DU CANADA

Ordre: Gruiformes
Famille: Gruidae

Grus canadensis
Sandhill Crane

Oiseau plus grand que la bernache. Plumage grisâtre avec du rouge sur la tête et devant les yeux. Longues pattes et long cou. Vole le cou tendu.

Taille: 1 m (86-122 cm)
Poids: 4 kg

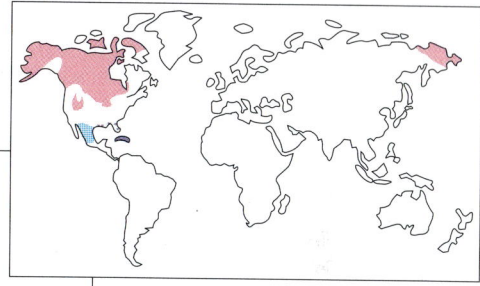

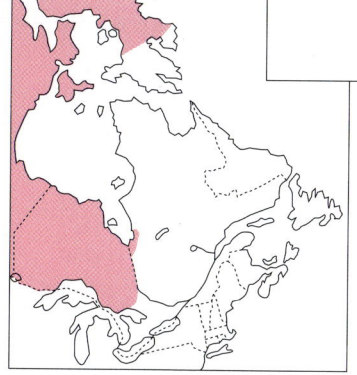

RÉPARTITION: Niche au Canada depuis la Colombie-Britannique jusqu'au Québec, dans certains États du sud des États-Unis et dans les Antilles, selon les sous-espèces. Hiverne dans le sud de son aire de reproduction jusqu'à Cuba et au Mexique.

Au Québec, niche par endroits vers la mi-mai sur les côtes de la baie James et s'observe en de rares occasions ailleurs en migration, surtout en Abitibi.

DESCRIPTION: Les adultes des deux sexes sont semblables. Les pattes sont longues, de même que le cou. Le plumage est entièrement grisâtre, sauf pour une région rouge sur la tête et devant les yeux. Le bec est foncé. Les rémiges tertiaires très longues forment un «plumeau». À certains endroits, le fer se trouvant dans le sol que fouille la grue pour s'alimenter donne une teinte rouille à son plumage. Les juvéniles, qui mettront deux ans à acquérir leur plumage adulte, ont le corps de couleur brunâtre sans rouge à la tête.

En vol, notez le cou tendu et le battement d'ailes caractérisé par une montée plus rapide que la descente.

Son cri ressemble à un «gar-ou-ou» long, roulant et très puissant, audible de très loin.

ESPÈCE SEMBLABLE: Le Grand Héron, dont la Grue du Canada se distingue par son cou tendu en vol, son «plumeau», sa marque frontale, son cri et l'absence de huppe au printemps.

HABITAT: Fréquente toutes sortes de milieux humides, le plus souvent de grandes dimensions, allant des marais de la Floride aux vallées de l'Arctique. Au Québec et en Ontario, fréquente principalement les tourbières et les marais de quenouilles. En migration et en hiver, s'observe en bordure des marais ou des lacs, ainsi que dans les champs où elle s'alimente.

NIDIFICATION: Niche dans différents milieux. Dans les marais de quenouilles, le nid est un monticule de plantes qui émerge de l'eau peu profonde. Dans les tourbières, il consiste simplement en quelques tiges et branches déposées sur le sol.

La femelle pond habituellement deux oeufs que les deux parents couvent 30 jours environ. Les jeunes quittent le nid rapidement mais sont nourris par les adultes les deux premières semaines. Ils volent vers la dixième semaine et demeurent avec les parents jusqu'au printemps suivant. Un couple reste uni pour plusieurs années, parfois même pour la vie.

ALIMENTATION: Se nourrit d'insectes, d'amphibiens, de reptiles et de petits mammifères. Mange aussi des graines.

NOTES:

• Contrairement aux sous-espèces nordiques, des sous-espèces sédentaires du Mississippi et de Cuba ont vu leur population chuter au point de ne plus compter respectivement qu'une cinquantaine et qu'environ 200 oiseaux. Ces races sont exposées au même danger d'extinction que celle de la Grue blanche d'Amérique (*Grus americana*), qui ne comptait plus que 214 oiseaux dans le monde entier en 1989.

• Dans le cadre d'une expérience qui a duré plusieurs années, l'un des deux oeufs d'une Grue blanche d'Amérique était confié «en adoption» à une Grue du Canada, qui le couvait et élevait le petit. On avait en effet remarqué que souvent, seulement un des deux oeufs parvenait à l'éclosion. Les Grues blanches ainsi élevées ont atteint l'âge adulte mais ne se reproduisent pas au sein de leur colonie «d'adoption».

• La longévité maximale connue chez la Grue du Canada serait de six ans.

GOÉLAND À MANTEAU NOIR

Ordre: Charadriiformes
Famille: Laridae

Larus marinus
Great Black-backed Gull
(Goéland marin)

Goéland de la taille de la bernache. Manteau noir. Bec fort. Pattes roses.

Taille: 76 cm (71-78,5 cm)
Poids: 1,6 kg
Envergure: 1,65 m

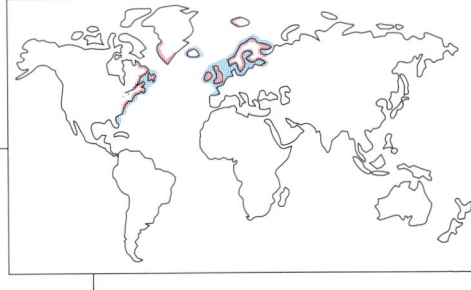

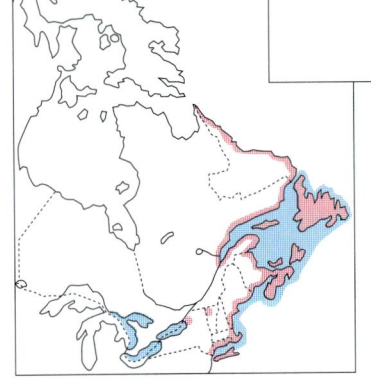

RÉPARTITION: Niche dans l'est de l'Amérique du Nord, surtout sur les côtes, depuis le Québec jusqu'en Caroline du Nord. Son aire de nidification s'étend progressivement vers le sud. Hiverne sur les Grands Lacs et dans les régions libres de glace de son aire de reproduction, jusqu'en Floride.

Au Québec, niche tout le long du Saint-Laurent mais plus rarement à l'ouest de Québec. S'observe dans nos régions toute l'année, mais plus fréquemment à l'automne.

DESCRIPTION: Les adultes des deux sexes sont semblables. Le manteau est noir et le bec est jaune avec un point rouge sur la mandibule inférieure. La tête, la nuque et le dessous du corps sont blancs. Les pattes sont roses. Chez les juvéniles, la tête est toujours plus pâle que le manteau. Ceux-ci mettent quatre ans à acquérir leur plumage adulte. À tout âge et en toute saison, la grande taille et le bec fort facilitent l'identification de ce goéland.

Le vol est plutôt lent, avec un battement d'ailes puissant et de grande amplitude.

Le cri est habituellement une seule note basse et rauque.

ESPÈCE SEMBLABLE: Chez les juvéniles, le Goéland argenté, qui est plus petit et dont les ailes relativement plus longues lui donnent un aspect moins massif.

HABITAT: En toute saison, s'observe plus souvent en eau salée. Niche sur les côtes, surtout sur les falaises et les îles. En eau douce,

niche sur les îles. En migration et en hiver, fréquente surtout les côtes mais aussi les grands plans d'eau douce.

NIDIFICATION: Niche parfois en colonies, souvent en compagnie du Goéland argenté.

Le nid consiste en une dépression à même le sol tapissée d'herbes, de mousses ou de brindilles, ou plus simplement en un creux dans le sable. Les deux parents couvent les oeufs, habituellement trois, pendant 28 jours environ et nourrissent les oisillons jusqu'à l'âge de sept semaines. Les jeunes sont alors prêts à prendre leur envol.

ALIMENTATION: Le Goéland à manteau noir est omnivore. Il nettoie les berges des cadavres, vole des oeufs, capture de jeunes oiseaux, des poissons, des mollusques et des petits mammifères. Il pourchasse d'autres oiseaux en vol pour leur ravir les poissons qu'ils viennent de capturer. Il peut aussi manger de petits fruits.

NOTE:
- On pense que cet oiseau pourrait vivre jusqu'à 19 ans.

ANNEXES

ANNEXE 1

Espèces observées sporadiquement

Pluvier kildir
Charadrius vociferus

Colibri à gorge rubis
Archilochus colubris

Tyran tritri
Tyrannus tyrannus

ANNEXE 2

Où observer les oiseaux

Parmi les endroits se prêtant à l'observation, les lieux que nous avons choisis ont retenu notre attention soit parce que leur renommée est établie ou que certains services y sont offerts. Énumérés d'ouest en est, ils sont tous situés dans la région qui nous intéresse. Mais avant d'entrer dans le vif du sujet, un rappel de certaines règles à observer nous semble de mise.

En excursion, le respect de la propriété privée est tout aussi important que celui de l'environnement et de la faune aviaire. Demander à un particulier la permission de pénétrer sur ses terres n'exige pas beaucoup de temps; ce geste, outre qu'il vous permet souvent de mieux connaître les lieux, a l'avantage d'assurer un meilleur accueil à ceux et celles qui vous suivront. Au chapitre du respect de la faune et de l'environnement, ne dérangez pas les oiseaux en période de migration ou de nidification, et ne laissez pas de déchets derrière vous.

Les oiseaux aquatiques se comportent comme la plupart des oiseaux : ils sont plus actifs dans les deux heures qui suivent le lever du soleil et dans les deux heures qui en précèdent le coucher. En période de nidification, les râles sont actifs bien après la tombée du jour. Ne vous étonnez donc pas qu'un plan d'eau en apparence bien calme lors de votre passage à midi vous dévoile des surprises à d'autres moments de la journée.

Voyons maintenant quels endroits se prêtent particulièrement bien à l'observation.

En Ontario

Le parc national de la Pointe Pelée, à l'extrême sud de la province, près de Leamington.

Ce parc est probablement la Mecque des observateurs. Des oiseaux migrateurs de toutes sortes, aussi bien terrestres qu'aquatiques, y font halte. Il est recommandé de s'y rendre au printemps, entre autres à la mi-mars pour observer les volées de Cygnes siffleurs et à la mi-mai au moment où de nombreuses espèces fréquentent le parc.

Le parc provincial Rondeau, sur la rive nord du lac Érié, à quelque 12 km au sud de l'autoroute 401. Accès par la route 12 via Blenheim.

Le parc est composé d'une forêt de feuillus, de marais et de marécages abritant une faune et une flore particulières. Environ 80 % de toutes les espèces composant l'avifaune ontarienne y ont déjà été observées. On y trouve des sentiers de randonnée à pied ou à bicyclette et un terrain de camping. Un programme d'interprétation de la nature y est offert. Le parc est ouvert à l'année; l'observation y est particulièrement intéressante pendant les périodes de migration.

Le marais Wye, près de Midland, en bordure de la baie Georgienne.

Les sentiers de ce centre d'interprétation de la nature du Service canadien de la faune permettent de se rendre au coeur même du marais. Il faut y aller non pas pour le nombre d'oiseaux ou d'espèces à observer, mais pour les facilités d'observation.

Au Québec

L'ABITIBI

Le lac Pelletier et d'autres lacs dans les limites de Rouyn-Noranda.

Une visite s'impose en juin et juillet pour observer entre autres le Grèbe jougris qui y niche. Le lac Abitibi à Roquemaure, où de vastes marais bordent le lac, et l'île Nepawa constituent des lieux propices à l'observation du Bruant de Lincoln. Et si les Grues du Canada vous intéressent, allez du côté de Val-d'Or (Barraute, Val-Senneville).

L'OUTAOUAIS

Les rapides de Deschênes, à Aylmer.

Les meilleurs points d'observation sont le pont Champlain (en se servant d'un télescope), entre Hull et Aylmer, et l'extrémité de la rue Vanier, à Aylmer. L'observation des canards plongeurs, des grèbes et des goélands est intéressante de novembre à mars.

La réserve faunique de Plaisance, en bordure de la rivière des Outaouais, entre Thurso et Plaisance.

En avril et en mai, les concentrations de bernaches et de canards barboteurs valent le déplacement. En été, les espèces nicheuses suivantes peuvent être observées à partir des sentiers aménagés dans la réserve : le Petit Butor, la Guifette noire et la Poule-d'eau.

Les secteurs de la Grande Presqu'île et de la Petite Presqu'île, de même que celui de la baie Noire, sont faciles d'accès en voiture; un sentier de randonnée mène au marais de Thurso.

Montréal et les environs

Les rapides de Lachine vus de La Salle, sur la rive nord du fleuve, ou de Sainte-Catherine, sur la rive sud.

Des visites s'imposent en mars et avril, puis d'août à décembre, pour les canards et les goélands. Ces oiseaux s'observent aussi l'hiver sur les portions des rapides qui ne gèlent pas. Il est facile de se rendre aux points d'observation en voiture.

Beauharnois, sur la rive sud du fleuve, au pied de la centrale hydro-électrique.

À voir en octobre et novembre pour la concentration de goélands, et en mai pour les mouettes et les sternes. Il est facile de s'y rendre en voiture.

Le centre du Québec

La commune de Berthier, face à la ville de Berthierville sur la rive nord du fleuve.

Allez-y en avril pour les bernaches et les canards barboteurs. Il y a un sentier de randonnée et des tours d'observation.

L'île du Moine, à quelques kilomètres en aval de Sorel, sur la rive sud du fleuve.

Les mois de juillet, août et septembre se prêtent particulièrement à l'observation des oiseaux aquatiques, notamment des hérons, canards, râles, goélands et sternes. L'île n'est accessible que par bateau.

**La rive sud du fleuve entre Baie-du-Febvre
et la base militaire de Nicolet.**

Les concentrations d'oies et de canards en avril sont spectaculaires. En mai, les phalaropes se rassemblent dans l'étang d'eaux usées près du village de Baie-du-Febvre. On y observe aussi plusieurs espèces de canards dont le Canard roux. Des rapaces survolent régulièrement le secteur à la même époque de l'année. L'endroit est facile d'accès en voiture.

L'Estrie

Le lac Boivin, voisin de Granby.

L'endroit est surtout intéressant en septembre et en octobre pour les concentrations de canards barboteurs, et en mai pour le Balbuzard. Ouvert à l'année, le centre d'interprétation offre des activités thématiques. Il y a des sentiers de randonnée et une tour d'observation.

Québec et les environs

**La réserve nationale de faune du cap Tourmente,
sur la rive nord du fleuve à quelques kilomètres à l'est
de Sainte-Anne-de-Beaupré.**

Octobre est le mois de l'Oie des neiges au cap Tourmente. Les oies s'y rassemblent par milliers. Elles sont accompagnées de nombreuses espèces de canards. La migration des rapaces est aussi très intéressante. Le centre d'interprétation et le réseau de sentiers de randonnée sont bien aménagés.

Le lac Saint-Jean

**Le Petit Marais de Saint Gédéon, près du village du même
nom, sur la rive sud du lac Saint-Jean.**

Il est recommandé de s'y rendre en mai pour observer les canards barboteurs, les hirondelles et le Balbuzard, et des oiseaux nicheurs tels la Guifette noire, le Canard chipeau et les râles.

Dans les Maritimes

Entre McGowans Corner et Jemseg, au sud-est de Fredericton (N.-B.), et à bord du traversier Jemseg - Lower Gagetown.

L'observation des oies et des canards y est particulièrement intéressante en mai. L'endroit est facile d'accès en voiture.

La réserve faunique nationale de Tintamarre et le marais Tantramar, au Nouveau-Brunswick, près de Sackville.

L'observation d'oiseaux nicheurs tels le Busard Saint-Martin, le Hibou des marais, la Foulque d'Amérique et le Grèbe à bec bigarré y est très intéressante vers la fin de mai. Des sentiers mènent au coeur du marais.

Le marais d'Amherst et la réserve faunique nationale de la baie Chignectou, en Nouvelle-Écosse, tout près de la ville d'Amherst.

Pendant toute la période où les marais sont libres de glace, on peut y observer une foule d'espèces aquatiques.

Le parc national de l'île-du-Prince-Édouard, au centre-nord de l'île.

Juin et juillet sont de bons mois pour l'observation d'oiseaux nicheurs dont le Grand Héron et le Balbuzard.

ANNEXE 3

Administrations et organismes concernés

La Fondation de la faune du Québec

Créée par le gouvernement provincial en 1987, cette fondation parapublique contribue à la conservation de terres importantes pour la faune au Québec. Elle privilégie différentes formules de protection des terres avec ou sans compensation.

Adresse: 140, rue Grande-Allée est
Bureau 860
Québec (Québec)
G1R 5M8

Canards Illimités Canada

Fondée en 1939 aux États-Unis, cette société privée se consacre à la protection de la sauvagine (cygnes, oies et canards) et à l'accroissement de ses populations. Son objectif consiste à améliorer les conditions de reproduction en réalisant des travaux d'aménagement dans les régions où ces oiseaux vont nicher.

Au Canada, la société Canards Illimités est présente dans toutes les provinces, où elle possède parfois plus d'un bureau.

Adresse au Québec: 710, rue Bouvier
Bureau 260
Québec (Québec)
G2J 1A7

Le Service canadien de la faune

Le Service canadien de la faune (SCF) relève d'Environnement Canada. Il s'occupe de la gestion des oiseaux migrateurs et des réserves. Il participe à la réalisation du Plan nord-américain de gestion de la sauvagine qui vise à rétablir les populations de sauvagine d'Amérique du Nord décimées par les graves sécheresses survenues dans les Prairies au début des années 80.

Le SCF dirige plusieurs centres de nettoyage d'oiseaux le long du fleuve Saint-Laurent. En cas de déversement d'hydrocarbures, ces centres pourraient sauver des centaines d'oiseaux.

Le SCF s'intéresse aussi à d'autres espèces d'oiseaux, et effectue des recherches sur les habitats dans le cadre d'études sur le fleuve Saint-Laurent.

Adresse au Québec: 1141, route de l'Église
Sainte-Foy (Québec)
G1V 4H5

Le ministère de l'Environnement du Québec

Ce ministère veille à l'application de la Loi sur la qualité de l'environnement. Il délivre les certificats d'autorisation nécessaires à la réalisation de différents projets visés par la loi.

C'est de lui que relèvent l'administration des réserves écologiques dont il autorise la création, de même que la gestion des déchets toxiques. Le ministère a des bureaux dans toutes les régions du Québec.

Le ministère du Loisir, de la Chasse et de la Pêche du Québec

Ce ministère veille à l'application de la Loi sur la conservation de la faune et les règlements sur la chasse, la pêche et le piégeage qui en découlent. Il administre différents territoires tels les parcs de récréation et les parcs de conservation. Il participe à la réalisation du Plan nord-américain de gestion de la sauvagine et fait des inventaires de différentes espèces d'oiseaux. Le ministère a des bureaux dans toutes les régions du Québec.

Habitat faunique Canada

Cette société parapublique fédérale créée en 1985 achète les terres jugées importantes pour la faune au Canada.

Adresse: 1704, av. Carling
Bureau 301
Ottawa (Ontario)
K2A 1C7

L'Union québécoise pour la conservation de la nature (UQCN)

Cet organisme sans but lucratif regroupe des particuliers et des sociétés qui s'intéressent à la protection de la nature. Ses activités sont axées sur la conservation et le développement durable des ressources. L'UQCN publie le mensuel *Franc Vert*. On lui doit la carte des milieux humides du Québec.

Adresse: 160, 76e Rue est
Charlesbourg (Québec)
G1H 7H6

L'Association québécoise des groupes d'ornithologues

Cet organisme sans but lucratif qui regroupe des associations régionales d'ornithologues s'emploie à faire mieux connaître l'ornithologie et à assurer la protection de la faune aviaire. Il publie la revue *Québec Oiseaux*.

Adresse: 4545, av. Pierre-de-Coubertin
C.P. 1 000, succ. M
Montréal (Québec)
H1V 3R2

Les Municipalités régionales de comté (MRC)

Ces municipalités sont issues du regroupement de plusieurs municipalités voisines. Elles sont chargées de l'élaboration et de l'application d'un plan d'aménagement local. Parmi les zones protégées inscrites dans ce plan d'aménagement figurent parfois des terres humides dont les MRC assurent la préservation.

La Fondation Les oiseleurs du Québec inc.

Cet organisme se consacre à la recherche et à la conservation des oiseaux, de même qu'à l'éducation du public. Il s'occupe entre autres du marquage de la sauvagine, et publie le bulletin «Rémiges et migrations». L'expérience de ses membres est mise à contribution quand se produisent des déversements d'hydrocarbures dans le fleuve.

Adresse: C.P. 8837
Sainte-Foy (Québec)
G1V 4N7

ANNEXE 4

Clubs et sociétés d'ornithologie au Québec

Société du loisir ornithologique de l'Abitibi
C.P. 91
Rouyn-Noranda (Qc)
J9X 5C1

Club des ornithologues de l'Outaouais
C.P. 419, succ. A
Hull (Qc)
J8Y 6P2

Club ornithologique des Hautes-Laurentides
C.P. 291
Saint-Jovite (Qc)
J0T 2H0

Société d'ornithologie de Lanaudière
C.P. 339
Joliette (Qc)
J6E 3Z6

Club d'observateurs d'oiseaux de Laval
3235, boul. St-Martin est
Bureau 215
Laval (Qc)
H7E 5G8

Club d'ornithologie de la Région des Moulins
C.P. 239
Terrebonne (Qc)
J6W 3L5

Club d'ornithologie d'Ahuntsic
C.P. 35045
1221, rue Fleury est
Montréal (Qc)
H2C 3K4

Société de biologie de Montréal
C.P. 39, succ. Outremont
Outremont (Qc)
H2V 4M6

Société québécoise de protection des oiseaux
C.P. 43, succ. B
Montréal (Qc)
H3B 3J5

Société d'observation de la faune ailée du Sud-Ouest
C.P. 277
Saint-Timothée (Qc)
J0S 1X0

Club d'ornithologie de Longueuil
C.P. 21099
Comptoir Jacques-Cartier
Longueuil (Qc)
J4J 5J4

Club du loisir ornithologique maskoutain
2070, rue Saint-Charles
Saint-Hyacinthe (Qc)
J2T 1V2

Club d'ornithologie Sorel-Tracy
C.P. 1111
Sorel (Qc)
J3P 7L4

Société ornithologique du centre du Québec
960, rue Saint-Georges
Drummondville (Qc)
J2C 6A2

Société du loisir ornithologique de l'Estrie
C.P. 1263
Sherbrooke (Qc)
J1H 5L7

Club d'observateurs d'oiseaux de la Haute-Yamaska
C.P. 813
Granby (Qc)
J2G 8W8

Club des ornithologues de Brome-Missisquoi
C.P. 256
Cowansville (Qc)
J2K 3S7

Club des ornithologues des Bois-Francs
21, rue Roger
Victoriaville (Qc)
G6P 2A8

Club d'ornithologie de Trois-Rivières
C.P. 953
Trois-Rivières (Qc)
G9A 5K2

Club ornithologique de la Mauricie
C.P. 21
Grand-Mère (Qc)
G9T 5K7

Club des ornithologues de Québec
Domaine de Maizerets
2 000, boul. Montmorency
Québec (Qc)
G1J 5E7

Club des ornithologues amateurs du Saguenay - Lac Saint-Jean
C.P. 1265
Jonquière (Qc)
G7S 4K8

Club d'ornithologie de la Manicouagan
C.P. 2513
Baie-Comeau (Qc)
G5C 2T2

Club des ornithologues du Bas-Saint-Laurent
C.P. 118
Pointe-au-Père (Qc)
G5M 1R1

Club des ornithologues de la Gaspésie
C.P. 245
Percé (Qc)
G0C 2L0

Club d'ornithologie des îles de la Madeleine
C.P. 1239
Cap-aux-Meules (Qc)
G0B 1B0

ANNEXE 5

Liste des oiseaux du Québec méridional

Gavidae
Huart à gorge rousse
- Huart à collier

Podicipedidae
- Grèbe à bec bigarré
- Grèbe cornu
- Grèbe jougris

Procellariidae
Fulmar boréal
Puffin majeur
Puffin fuligineux
Puffin des Anglais

Hydrobatidae
Pétrel océanite
Pétrel cul-blanc

Sulidae
Fou de Bassan

Phalacrocoracidae
Grand Cormoran
- Cormoran à aigrettes

Ardeidae
- Butor d'Amérique
- Petit Butor
- Grand Héron
- Grande Aigrette
  Aigrette neigeuse
  Héron garde-boeufs
- Héron vert
- Bihoreau à couronne noire

Threskiornithidae
Ibis falcinelle

Anatidae
- Cygne siffleur
  Oie rieuse
- Oie des neiges
  Oie de Ross
  Bernache cravant
- Bernache du Canada
- Canard branchu
- Sarcelle à ailes vertes
- Canard noir
- Canard colvert
- Canard pilet
- Sarcelle à ailes bleues
- Canard souchet
- Canard chipeau
  Canard siffleur d'Europe
- Canard siffleur d'Amérique
- Morillon à dos blanc
- Morillon à tête rouge
- Morillon à collier
- Grand Morillon
- Petit Morillon
  Eider à duvet
  Eider à tête grise
  Canard arlequin
- Canard kakawi
- Macreuse à bec jaune
- Macreuse à front blanc
- Macreuse à ailes blanches
- Garrot à oeil d'or
  Garrot de Barrow
- Petit Garrot
- Bec-scie couronné
- Grand Bec-scie
- Bec-scie à poitrine rousse
- Canard roux

Cathartidae
Urubu à tête rouge

Accipitridae
- Balbuzard
- Pygargue à tête blanche
- Busard Saint-Martin
Épervier brun
Épervier de Cooper
Autour des palombes
Buse à épaulettes
Petite Buse
Buse à queue rousse
Buse pattue
Aigle royal

Falconidae
Crécerelle d'Amérique
Faucon émerillon
- Faucon pèlerin
Faucon gerfaut

Phasianidae
Perdrix grise
Tétras du Canada
Lagopède des saules

Gélinotte huppée
Gélinotte à queue fine

Rallidae
- Râle jaune
- Râle de Virginie
- Râle de Caroline
- Poule-d'eau
- Foulque d'Amérique

Gruidae
- Grue du Canada

Charadriidae
- Pluvier argenté
Pluvier doré d'Amérique
- Pluvier semipalmé
Pluvier siffleur
Pluvier kildir

Scolopacidae
- Grand Chevalier
- Petit Chevalier
- Chevalier solitaire
Chevalier semipalmé
- Chevalier branlequeue
Maubèche des champs

Courlis corlieu
Barge hudsonienne
Barge marbrée
- Tournepierre à collier
Bécasseau maubèche
Bécasseau sanderling
- Bécasseau semipalmé
Bécasseau d'Alaska
- Bécasseau minuscule
- Bécasseau à croupion blanc
Bécasseau de Baird
- Bécasseau à poitrine cendrée
Bécasseau violet
Bécasseau variable
Bécasseau à échasses
Bécasseau roussâtre
Bécasseau combattant
Bécasseau roux
- Bécassine des marais
Bécasse d'Amérique
- Phalarope de Wilson
Phalarope hyperboréen
Phalarope roux

Laridae
Labbe pomarin
Labbe parasite
Labbe à longue queue
Mouette à tête noire
Mouette de Franklin
Mouette pygmée
Mouette rieuse
- Mouette de Bonaparte
- Goéland à bec cerclé

- Goéland argenté
  Goéland arctique
  Goéland brun
  Goéland bourgmestre
- Goéland à
  manteau noir
  Mouette tridactyle
  Mouette de Sabine
  Mouette blanche
  Sterne caspienne
- Sterne pierregarin
  Sterne arctique
- Guifette noire

Alcidae
Mergule nain
Marmette de Troïl
Marmette de Brünnich
Petit Pingouin
Guillemot à miroir
Macareux moine

Columbidae
Pigeon biset
Tourterelle triste

Cuculidae
Coulicou à bec noir
Coulicou à bec jaune

Strigidae
Petit-duc maculé
Grand-duc d'Amérique
Harfang des neiges
Chouette épervière
Chouette rayée
Chouette lapone
Hibou moyen-duc
- Hibou des marais
  Nyctale boréale
  Petite Nyctale

Caprimulgidae
Engoulevent d'Amérique
Engoulevent bois-pourri

Apodidae
Martinet ramoneur

Trochilidae
Colibri à gorge rubis

Alcedinidae
- Martin-pêcheur d'Amérique

Picidae
Pic à tête rouge
Pic maculé
Pic mineur
Pic chevelu
Pic tridactyle
Pic à dos noir
Pic flamboyant
Grand Pic

Tyrannidae
- Moucherolle à côtés olive
  Pioui de l'Est
  Moucherolle à ventre jaune
- Moucherolle des aulnes
  Moucherolle des saules
  Moucherolle tchébec
  Moucherolle phébi
  Tyran huppé
  Tyran tritri

Alaudidae
Alouette cornue

Hirundinidae
- Hirondelle noire
- Hirondelle bicolore
- Hirondelle à ailes hérissées
- Hirondelle de rivage
- Hirondelle à front blanc

Hirondelle des granges

Corvidae
Geai du Canada
Geai bleu
Corneille d'Amérique
Grand Corbeau

Paridae
Mésange à tête noire
Mésange à tête brune

Sittidae
Sittelle à poitrine rousse
Sittelle à poitrine blanche

Certhiidae
Grimpereau brun

Troglodytidae
Troglodyte de Caroline
Troglodyte familier
Troglodyte des forêts
- Troglodyte à bec court
- Troglodyte des marais

Muscicapidae
Roitelet à couronne dorée
Roitelet à couronne rubis
Gobe-moucherons gris-bleu
Traquet motteux
Merle-bleu de l'Est
Grive fauve
Grive à joues grises
Grive à dos olive
Grive solitaire
Grive des bois
Merle d'Amérique

Mimidae
Moqueur chat
Moqueur polyglotte
Moqueur roux

Motacillidae
Pipit spioncelle

Bombycillidae
Jaseur boréal
Jaseur des cèdres

Laniidae
Pie-grièche grise
Pie-grièche migratrice

Sturnidae
Étourneau sansonnet

Vireonidae
Viréo à tête bleue

Viréo à gorge jaune
Viréo mélodieux
Viréo de Philadelphie
Viréo aux yeux rouges

Emberizidae
Paruline à ailes dorées
Paruline obscure
Paruline verdâtre
Paruline à joue grises
Paruline à collier
■ Paruline jaune
Paruline à
flancs marron
Paruline à tête cendrée
Paruline tigrée
Paruline bleue
à gorge noire
Paruline à croupion
jaune
Paruline verte à gorge
noire
Paruline à gorge
orangée
Paruline des pins
■ Paruline à couronne
rousse
Paruline à poitrine baie
Paruline rayée
Paruline azurée
Paruline noir et blanc
Paruline flamboyante
Paruline couronnée
■ Paruline des ruisseaux
Paruline à gorge grise
Paruline triste
■ Paruline masquée
■ Paruline à calotte noire

Paruline du Canada
Tangara écarlate
Cardinal rouge
Cardinal à poitrine rose
Passerin indigo
Tohi à flancs roux
Bruant hudsonien
Bruant familier
Bruant des plaines
Bruant des champs
Bruant vespéral
Bruant des prés
Bruant sauterelle
Bruant de Le Conte
Bruant à queue aiguë
Bruant fauve
Bruant chanteur
■ Bruant de Lincoln
■ Bruant des marais
Bruant à gorge blanche
Bruant à
couronne blanche
Junco ardoisé
Bruant lapon
Bruant des neiges
Goglu
■ Carouge à épaulettes
Sturnelle des prés
■ Quiscale rouilleux
Quiscale bronzé
Vacher à tête brune
Oriole du Nord

Fringillidae
Dur-bec des pins
Roselin pourpré
Roselin familier

Bec-croisé rouge
Bec-croisé à
ailes blanches
Sizerin flammé
Sizerin blanchâtre
Chardonneret des pins
Chardonneret jaune
Gros-bec errant

Passeridae
Moineau domestique

Bibliographie

AMERICAN ORNITHOLOGISTS' UNION, Check-list of North American Birds (6e édition), A.O.U., Washington, 1983, 877 p.

ANDRLE, R.F. et CARROLL, J.R., The Atlas of Breeding Birds in New York State, Cornell University Press, Ithaca, 1988, 551 p.

BÉLANGER, L. et TREMBLAY, S., «Distribution et caractéristiques forestières des héronnières du Québec», Ministère du Loisir, de la Chasse et de la Pêche, Québec, 1989, 52 p.

BELLROSE, F.C., Ducks, Geese and Swans of North America, Stackpole Books, Harrisburg, 1976, 543 p.

BENT, A.C., Life Histories of North American Marsh Birds, Dover, New York, 1926, 392 p.

BORDAGE, D., «Suivi des couples nicheurs de Canards noirs en forêt boréale - 1987», Série de rapports techniques (n° 35), Service canadien de la faune - région du Québec, 1988, 42 p.

CADMAN, M.D., EAGLES, P.F.J. et HELLEINER, F.M., Atlas of the Breeding Birds of Ontario (2e édition), Federation of Ontario Naturalists et Long Point Bird Observatory, University of Waterloo Press, Waterloo, 1988, 617 p.

CAYOUETTE, R. et GRONDIN, J.C., Les Oiseaux du Québec (2e édition), La Société zoologique de Québec inc., Orsainville, 1977, 117 p.

CLARK, W.S. et WHEELER, B.K., A Field Guide to Hawks of North America, The Peterson Field Guide Series (n° 35), Houghton Mifflin Co., Boston, 1987, 198 p.

CLUB DES ORNITHOLOGUES DE L'OUTAOUAIS, Guide d'observation des oiseaux de l'Outaouais (Québec), Club des ornithologues de l'Outaouais, Hull, 1985, 223 p.

DAVID, N., État et distribution des oiseaux du Québec méridional, Cahier d'ornithologie Victor Gaboriault n° 3, Club des ornithologues du Québec, Québec, 1980, 213 p.

DAVID, N., Les meilleurs sites d'observation des oiseaux du Québec, Québec Science Éditeur, Sillery, 1990, 311 p.

DUNNING, J.S., South American Birds, Harrowood Books, Newton Square, 1987, 351 p.

DESGRANGES, J.L., «Étude des effets de l'acidification sur la faune aquatique au Canada : les oiseaux lacustres et leurs habitats au Québec», Publication hors série n° 67, Service canadien de la faune, 1989, 73 p.

EHRLICH, P.R., Dobkin, D.S. et WHEYE, D., *The Birder's Handbook : A Field Guide to the Natural History of North American Birds*, Simon and Schuster Inc., New York, 1988, 785 p.

FARRAND, J. JR. (sous la direction de), *The Audubon Society Master Guide to Birding*, vol. 1, 2 et 3, A.A. Knopf, New York, 1983, 447, 398 et 399 p.

FARRAND, J. JR., *Eastern Birds. An Audubon Handbook*, McGraw-Hill Book Co., New York, 1988, 496 p.

FARRAND, J. JR., *How to Identify Birds. An Audubon Handbook*, McGraw-Hill Book Co., New York, 1988, 320 p.

FINLAY, J.C., *A Bird-Finding Guide to Canada*, Hurtig Publisher Ltd., Edmonton, 1984, 387 p.

GRANT, P. J., *Gulls. A Guide to Identification* (2e édition), Buteo Books, Vermillion, 1986, 352 p.

GODFREY, W.E., *Les Oiseaux du Canada* (édition révisée), Musée national des sciences naturelles (Canada), Ottawa, 1986, 650 p.

GOODERS, J. et BOYER, T., *Ducks of North America and the Northern Hemisphere*, Facts on File Publications, New York, 1986, 160 p.

HANCOCK, J. et KUSHLAN, J., *The Herons Handbook*, Harpers and Row, New York, 1984, 288 p.

HARRISON, C., *A Field Guide to the Nests, Eggs and Nestling of North American Birds*, Collins, Cleveland, 1978, 416 p.

HARRISON, P., *Seabirds. An Identification Guide* (édition révisée), Houghton Mifflin Co., Boston, 1985, 447 p.

HAYMAN, P., MARCHANT, J. et PRATER, T., *Shorebirds. An Identification Guide*, Houghton Mifflin Co., Boston, 1986, 412 p.

HOLLOM, P.A.D et coll., *Birds of the Middle East and North Africa*, Buteo Books, Vermillion, 1988, 280 p.

KAUFMAN, K., *A Field Guide to Advanced Birding. Birding Challenges and How to Approach Them*, The Peterson Field Guide Series (n° 39), Houghton Mifflin Co., Boston, 1990, 299 p.

LAUGHLIN, S.B. et KIBBE, D.P., *The Atlas of Breeding Birds of Vermont*, University Press of New England, Hanover, 1985, 456 p.

LEMAY, A.B., MCNICOLL, R. et OUELLET, R., «Incidence de la grenaille de plomb dans les gésiers de canards, d'oies et de bernaches récoltés au Québec», Ministère du Loisir, de la Chasse et de la Pêche, Québec, 1989, 87 p.

MADGE, S. et BURN, H., *Waterfowl. An Identification Guide to the Ducks, Geese, and Swans of the World*, Houghton Mifflin Co., Boston, 1988, 298 p.

MÉLANÇON, C., *Charmants voisins*, Granger, 1940, 281 p.

NATIONAL GEOGRAPHIC SOCIETY, *Guide d'identification des oiseaux de l'Amérique du Nord*, Éd. Marcel Broquet, La Prairie, 1983, 472 p.

NIERING, W.A., *Wetlands. The Audubon Society Nature Guides*, A.A. Knopf, New York, 1985, 638 p.

OUELLET, H., «Les Oiseaux des collines montérégiennes et de la région de Montréal, Québec, Canada», Publication de zoologie n° 5, Musée national des sciences naturelles, Ottawa, 1974, 167 p.

PALMER, R.S. (sous la direction de), *Handbook of North American Birds*, vol. 2 et 3, Yale University Press, New Haven et Londres, 1976, 521 et 560 p.

PETERSON, R.T., A *Field Guide to the Birds* (4e édition), The Peterson Field Guide Series n° 1, Houghton Mifflin Co., Boston, 1980, 384 p.

PETERSON, R. et coll., *Guide des Oiseaux d'Europe* (10e édition), Delachaux et Niestlé, Neuchâtel, 1986, 460 p.

PETERSON, R.T. et CHALIF, E.L., A *Field Guide to Mexican Birds*, The Peterson Field Guide Series (n° 20), Houghton Mifflin Co., Boston, 1973, 298 p.

RIDGELY, R.S. et GWYNNE, J.A., A *Guide to the Birds of Panama, with Costa Rica, Nicaragua, and Honduras* (2e édition), Princeton University Press, Princeton, 1989, 534 p.

RIDGELY, R.S. et TUDOR, G., *The Birds of South America. The Oscine Passerines*, University of Texas Press, Austin, 1989, 516 p.

ROBBINS, C.S., BRUUN, B. et ZIM, H.S., A *Guide to Field Identification. Birds of North America*, Golden Press, New York, 1983, 340 p.

ROBERT, M., «Les oiseaux menacés du Québec», Association québécoise des groupes d'ornithologues et Service canadien de la faune, 1989, 109 p.

SAVAGE, C., *Ces merveilleux oiseaux du Canada*, Éditions La Presse, Montréal, 1985, 209 p.

SOCIÉTÉ ORNITHOLOGIQUE DU CENTRE DU QUÉBEC, *L'observation des oiseaux au lac Saint-Pierre (guide des sites)*, Société ornithologique du centre du Québec, 1988, 243 p.

SOYEZ, L.M., PARENT, R. et DESJARDINS, S., «Guide d'aménagement pour le Canard huppé», Ministère du Loisir, de la Chasse et de la Pêche, Québec, 1988, 46 p.

STILES, F.G. et SKUTCH, A.F., *A Guide to the Birds of Costa Rica*, Cornell University Press, Ithaca, 1989, 511 p.

STOKES, D.W. et STOKES, L.Q., *Nos oiseaux : tous les secrets de leur comportement*, vol. 1 et 2, Les Éditions de l'Homme, Montréal, 1989, 360 et 367 p.

STOKES, D.W. et STOKES, L.Q., *A Guide to Bird Behavior*, vol. 3, Little, Brown and Co., Toronto, 1989, 397 p.

TANGUAY, S., *Guide des sites naturels du Québec*, Éd. Michel Quintin, Waterloo, 1988, 251 p.

TERRES, J.K., *The Audubon Society Encyclopedia of North American Birds*, A.A. Knopf, New York, 1980, 1109 p.

TUFTS, R.W., *Birds of Nova Scotia* (3e édition), Nimbus Publishing Limited et The Nova Scotia Museum, Halifax, 1986, 478 p.

TURNER, A. et ROSE, C., *Swallows and Martins. An Identification Guide and Handbook*, Houghton Mifflin Co., Boston, 1989, 258 p.

UNION QUÉBÉCOISE POUR LA CONSERVATION DE LA NATURE, «L'état de l'environnement au Québec. Un bilan des milieux humides, perspectives de conservation», 1990, 70 p.

WALTON, R.K., *Bird Finding in New England*, D.R. Godine Inc., Boston, 1988, 328 p.

INDEX

A

Actitis
  macularia, 80
Agelaius
  phoeniceus, 98
Aigle
  à tête blanche, 252
  -pêcheur, 200
Aigrette
  Grande, 234
Aix
  sponsa, 146
Aïx
  carolin, 146
Alcyon
  ceinturé, 137
Anas
  acuta, 158
  americana, 166
  clypeata, 162
  crecca, 112
  discors, 115
  platyrhynchos, 154
  rubripes, 150
  strepera, 164
Ardea
  herodias, 231
Arenaria
  interpres, 83
Asio
  flammeus, 216
Aythya
  affinis, 178
  americana, 170
  collaris, 173
  marila, 176
  valisineria, 168

B

Balbuzard, 200
  pêcheur, 200
Bec-scie
  à poitrine rousse, 197
  couronné, 194
  Grand, 249
Bécasseau
  à croupion blanc, 32
  à poitrine cendrée, 86
  de Bonaparte, 32
  minuscule, 29
  semipalmé, 26
  tacheté, 86
Bécassine
  des marais, 88
Bernache
  du Canada, 246
Bihoreau
  à couronne noire, 237
  gris, 237
Bittern
  American, 228
  Least, 110
Blackbird
  Red-winged, 98
  Rusty, 102
Blongios
  Petit, 110
Botaurus
  lentiginosus, 228
Branta
  canadensis, 246
Bruant
  de Lincoln, 64
  des marais, 66
Bucephala
  albeola, 118
  clangula, 190
Bufflehead, 118
Busard
  des marais, 203
  Saint-Martin, 203
Butor
  d'Amérique, 228
  Petit, 110
Butorides
  striatus, 144

C

Calidris
  fuscicollis, 32
  melanotos, 86
  minutilla, 29
  pusilla, 26

Canard
  branchu, 146
  chipeau, 164
  colvert, 154
  huppé, 146
  jansen, 166
  kakawi, 181
  malard, 154
  noir, 150
  pilet, 158
  roux, 120
  siffleur d'Amérique, 166
  souchet, 162
Canvasback, 168
Carouge
  à épaulettes, 98
Casmerodius
  albus, 234
Ceryle
  alcyon, 137
Charadrius
  semipalmatus, 24
Chen
  caerulescens, 243
Chevalier
  branlequeue, 80
  Grand, 129
  grivelé, 80
  Petit, 76
  solitaire, 78
Chlidonias
  niger, 93
Circus
  cyaneus, 203
Cistothorus
  palustris, 51
  platensis, 48
Clangula
  hyemalis, 181
Contopus
  borealis, 34
Coot
  American, 126
Cormoran
  à aigrettes, 224
Cormorant
  Double-crested, 224
Coturnicops
  noveboracensis, 22

Crane
  Sandhill, 255
Cygne
  siffleur, 240
Cygnus
  columbianus, 240

D

Dendroica
  palmarum, 56
  petechia, 54
Duck
  American Black, 150
  Ring-necked, 173
  Ruddy, 120
  Wood, 146

E

Eagle
  Bald, 252
Egret
  Great, 234
Empidonax
  alnorum, 36
Érismature
  roux, 120
Euphagus
  carolinus, 102

F

Falco
  peregrinus, 206
Falcon
  Peregrine, 206
Faucon
  pèlerin, 206
Fauvette
  à calotte noire, 62
  à couronne rousse, 56
  des ruisseaux, 58
  jaune, 54
  masquée, 60
Flycatcher
  Alder, 36
  Olive-sided, 34
Foulque
  d'Amérique, 126
Fulica
  americana, 126
Fuligule
  à bec cerclé, 173
  milouinan, 176

G

Gadwall, 164
Gallinago
  gallinago, 88
Gallinula
  chloropus, 123
Gallinule
  commune, 123
Garrot
  albéole, 118
  à oeil d'or, 190
  commun, 190
  Petit, 118
Gavia
  immer, 220
Geothlypis
  trichas, 60
Goéland
  argenté, 213
  à bec cerclé, 210
  à manteau noir, 258
  marin, 258
Goldeneye
  Common, 190
Goose
  Canada, 246
  Snow, 243
Gravelot
  semipalmé, 24
Grebe
  Horned, 108
  Pied-billed, 106
  Red-necked, 142
Grèbe
  à bec bigarré, 106
  à gros bec, 106
  cornu, 108
  esclavon, 108
  jougris, 142

Grue
  du Canada, 255
Grus
  canadensis, 255
Guifette
  noire, 93
Gull
  Bonaparte's, 132
  Great Black-backed, 258
  Herring, 213
  Ring-billed, 210

H

Haliaeetus
  leucocephalus, 252
Harelde, 181
Harle
  bièvre, 249
  couronné, 194
  huppé, 197
Harrier
  Northern, 203
Heron
  Great Blue, 231
  Green-backed, 144
Héron
  Grand, 231
  vert, 144
Hibou
  des marais, 216
Hirondelle
  à ailes hérissées, 42
  à front blanc, 46
  bicolore, 39
  de rivage, 44
  des sables, 44
  noire, 96
  pourprée, 96
Hirundo
  pyrrhonota, 46
Huart
  à collier, 220

I

Ixobrychus
  exilis, 110

K

Kingfisher
  Belted, 137

L

Larus
  argentatus, 213
  delawarensis, 210
  marinus, 258
  philadelphia, 132
Loon
  Common, 220
Lophodytes
  cucullatus, 194

M

Macreuse
  à ailes blanches, 188
  à bec jaune, 184
  à front blanc, 186
  à lunettes, 186
  brune, 188
  noire, 184
Mainate
  rouilleux, 102
Mallard, 154
Marouette
  de Caroline, 72
Martin
  Purple, 96
Martin-pêcheur
  d'Amérique, 137
Maubèche
  branle-queue, 80
Melanitta
  fusca, 188
  nigra, 184
  perspicillata, 186
Melospiza
  georgiana, 66
  lincolnii, 64
Merganser
  Common, 249
  Hooded, 194
  Red-breasted, 197

Mergus
  merganser, 249
  serrator, 197
Moorhen
  Common, 123
Morillon
  à collier, 173
  à dos blanc, 168
  à tête rouge, 170
  Grand, 176
  Petit, 178
Moucherolle
  à côtés olive, 34
  des aulnes, 36
Mouette
  de Bonaparte, 132

N

Night-Heron
  Black-crowned, 237
Nycticorax
  nycticorax, 237

O

Oie
  blanche, 243
  des neiges, 243
Oldsquaw, 181
Osprey, 200
Owl
  Short-eared, 216
Oxyura
  jamaicensis, 120

P

Pandion
  haliaetus, 200
Paruline
  à calotte noire, 62
  à couronne rousse, 56
  des ruisseaux, 58
  jaune, 54
  masquée, 60
Phalacrocorax

  auritus, 224
Phalarope
  de Wilson, 90
  Wilson's, 90
Phalaropus
  tricolor, 90
Pinson
  de Lincoln, 64
  des marais, 66
Pintail
  Northern, 158
Plongeon
  imbrin, 220
Plover
  Black-bellied, 74
  Semipalmated, 24
Pluvialis
  squatarola, 74
Pluvier
  argenté, 74
  à collier, 24
  semipalmé, 24
Podiceps
  auritus, 108
  grisegena, 142
Podilymbus
  podiceps, 106
Porzana
  carolina, 72
Poule-d'eau, 123
Progne
  subis, 96
Pygargue
  à tête blanche, 252

Q

Quiscale
  rouilleux, 102

R

Rail
  Virginia, 70
  Yellow, 22
Râle
  de Caroline, 72

de Virginie, 70
jaune, 22
Rallus
  limicola, 70
Redhead, 170
Riparia
  riparia, 44

S

Sandpiper
  Least, 29
  Pectoral, 86
  Semipalmated, 26
  Solitary, 78
  Spotted, 80
  White-rumped, 32
Sarcelle
  à ailes bleues, 115
  à ailes vertes, 112
  d'hiver, 112
  soucrourou, 115
Scaup
  Greater, 176
  Lesser, 178
Scoter
  Black, 184
  Surf, 186
  White-winged, 188
Seiurus
  noveboracensis, 58
Shoveler
  Northern, 162
Snipe
  Common, 88
Sora, 72
Sparrow
  Lincoln's, 64
  Swamp, 66
Stelgidopteryx
  serripennis, 42
Sterna
  hirundo, 134
Sterne
  commune, 134
  noire, 93
  pierregarin, 134
Swallow
  Bank, 44
  Cliff, 46
  Northern
    Rough-winged, 42
  Tree, 39
Swan
  Tundra, 240

T

Tachycineta
  bicolor, 39
Teal
  Blue-winged, 115
  Green-winged, 112
Tern
  Black, 93
  Common, 134
Tournepierre
  à collier, 83
  roux, 83
Tringa
  flavipes, 76
  melanoleuca, 129
  solitaria, 78
Troglodyte
  à bec court, 48
  des marais, 51
Turnstone
  Ruddy, 83

V

Vanneau
  gris, 74

W

Warbler
  Palm, 56
  Wilson's, 62
  Yellow, 54
Waterthrush
  Northern, 58
Wigeon
  American, 166
Wilsonia
  pusilla, 62

Wren
  Marsh, 51
  Sedge, 48

Y

Yellowlegs
  Greater, 129
  Lesser, 76
Yellowthroat
  Common, 60

Ouvrage de Référence
ne doit pas sortir
de la Bibliothèque.